从薄弱走向优质

——现代学校建设初探

周扬合 著

武汉理工大学出版社

·武汉·

图书在版编目(CIP)数据

从薄弱走向优质:现代学校建设初探/周扬合著. —武汉:武汉理工大学出版社,2023.10

ISBN 978-7-5629-6674-6

Ⅰ.①从… Ⅱ.①周… Ⅲ.①中学-学校管理-研究 Ⅳ.①G637

中国版本图书馆 CIP 数据核字(2022)第 190056 号

CONGBORUO ZOUXIANG YOUZHI

项目负责人:黄玲玲	责 任 编 辑:黄玲玲
责 任 校 对:李正五	排　　　版:芳华时代

出 版 发 行:武汉理工大学出版社

社　　　址:武汉市洪山区珞狮路 122 号

邮　　　编:430070

网　　　址:http://www.wutp.com.cn

经　　　销:各地新华书店

印　　　刷:武汉兴和彩色印务有限公司

开　　　本:710mm×1000mm　1/16

印　　　张:11

字　　　数:157 千字

版　　　次:2023 年 10 月第 1 版

印　　　次:2023 年 10 月第 1 次印刷

定　　　价:76.00 元

本社购书热线电话:027-87384729　87391631　87165708(传真)

凡购本书,如有缺页、倒页、脱页等印装质量问题,请向出版社发行部调换。

序

周扬合校长的新作《从薄弱走向优质——现代学校建设初探》即将付梓,邀我作序,由衷地为他感到高兴。

周扬合校长是一位充满教育激情和梦想的人。担任校长二十多年来,他满怀办优质教育的初心,从城郊薄弱学校到城市优质学校,他带领学校不断创造奇迹。他先后获得山东省普法教育先进工作者、日照市优秀教育工作者、日照市名校长、日照市教育科研先进个人、日照市语文教学能手等荣誉称号。

他是一位善于思考、精于研究的人。几十年如一日,他在教育战线深耕细研,以"干优质的教育,做精彩的事业"为目标,取得了一系列研究成果。他发表论文《鞭辟入里与势不可挡》《创新校本管理体系激发教育行动智慧》《浅谈农村中学语文课堂问题及解决办法》等;主持全国"十二五"规划课题"以培养学生能力为导向的教学模式的研究"、"'少讲多学,当堂达标'教学策略在中学语文教学中的应用",山东省教学研究重点课题"国家课程校本化实施策略研究"和山东省规划课题"校本课程资源开发的案例研究"等多项课题的研究;主编的图书《语文鼎尖教案》已在全国发行。

他还是一位善于凝聚团队力量,勇于担当、敢于超越的人。他带领学校领导班子成员,发扬中国传统文化的"和合"精神,开启了新时代教育现代化的探索,这本《从薄弱走向优质——现代学校建设初探》正是教育治理体系和治理能力现代化的有益探索和实践。这本著作从办学策略到办学文化,从现代学校建设到现代班级建设,从现代教学策略到现代管理策略,从日常课堂教学到现代校本课程建设,涉及学校教育的方方面面,既契合目前教育领域综合改革的发展趋势,又契合新时代教育"立德树人"的新要求,为深化学校教育领域的综合改革、推进教育治理体系和治理能力的现代化提供了范本和案例。

　　衷心祝愿周扬合校长,做一棵大树,扎根教育这片沃土,根深叶茂,让师生智慧地行走,让教育诗意地栖息,激情飞扬,和合奋进。

徐锡华

2022 年 12 月

前言 | Preface

当一所学校不能满足人民群众接受优质教育的需求,生源就会迅速流失,优秀教师也会纷纷"出逃",教学管理愈加混乱,教育质量每况愈下,这样的薄弱学校就会走向衰落,难以生存。而优质学校最显著的标志是办学质量高,受到学区内外人民群众的高度认可。

怎样才能让薄弱学校起死回生,直至变为优质学校?唯有对学校办学思想、学校文化、学校管理、教学策略和学校课程等进行全方位的"现代化"改革。

现代优质学校的建设是一个基于历史、立足当下和面向未来的过程。遵循教育规律,设置学校短期和中期目标,做好学校长远发展规划,有助于师生员工达成共识,明确努力的方向。日照第四中学设立"创建城区优质学校,实施高品质教育,培养有素养的学生"的办学目标,确定"文化引领,内涵发展,质量立校,特色办学"的总体思路,增强了学校的活力、实力与凝聚力。后村初中以"精细管理,有效教学,提升质量,特色发展"为重点,实施精致教育,实现了学校的跨越发展。

优秀而独特的学校文化是优质学校建设的发动机。建设"更好的学校文化"是培育"更好的人"的重要途径。日照市东港区海曲中学挖掘海曲内涵,探究文化底蕴,培养学生热爱学校、热爱家乡、热爱日照的高尚情怀,把"海纳百川,曲全行远"立为校训,"美由心生,礼行于外"作为校风,逐步形成了"诗文校园、数字校园、文明校园、美丽教师、卓越课程、阳光学子"六大特点的文化体系,从而实现校园文化的不断发展。

　　完善而合理的管理制度是优质学校建设的护卫舰。现代学校要实现内涵发展，还要改变学校的组织建构，建立现代管理体制，实行现代管理策略，建设现代年级，实施现代教学策略，研发现代校本课程。

　　实施现代教学策略要立足课堂教学，构建轻负高质的高效课堂，设立"温故知新—导学释疑—巩固提升—检测反馈—延伸拓展"的教学环节，遵循学习科学，将学生置于学习的主体地位，打造"起点准确、探究有效、注重应用、有效学习、真核衔接"的高效课堂教学模式，以教学过程管理的精细化为手段，牢固树立质量意识，积极探索提高教学质量的途径和方法，多措并举，逐步构建现代化、规范化的有效教学体制。

　　现代校本课程是实现学生全面而个性发展的助推器。学校要站在课程改革和学校发展的高度，进行多层次、分类别、分阶段和分步骤的深化研究和改进探索，研发并逐步建立校本特色课程体系，以满足学生的发展需要。

　　现代学校的建设不是平地起高楼，而是要立足原来薄弱学校的基础，奋发改革，励精图治，推进现代管理，只有这样，学校才能走出困境，走向优质。

作者

2022 年 12 月

目录 | Contents

一、办学策略

（一）创建城区优质学校，实施高品质教育

学校依据"创建城区优质学校，实施高品质教育，培养有素养的学生"的办学目标，面对学校发展的新机遇，立足学校三年发展规划，以"文化引领，内涵发展，质量立校，特色办学"的总体思路，实施学校内部精益管理，建构有效教学，注重校园文化建设和校本德育品牌打造，不断增强学校的活力、实力与凝聚力。

1. 完善现代管理制度，实施精益管理

学校制定三年发展规划和学校章程等，全面梳理原有的制度，制定符合新形势下学校发展的新制度，汇编成学校管理制度。在全体教师中形成"干一事成一事"和"我的事情，我来做"的浓厚干事创业氛围，大力推进实行年级扁平化管理，建立内部规范高效运行机制。

学校努力抓好学生常规管理，实行学生星级评定，创建有学校特色的德育品牌，进一步增强主题教育活动的计划性和实效性，进一步发挥各级各类德育组织的合力作用，促进校风、学风的进一步提升。

2. 构建高效课堂模式，实施精致教学

学校重视教师日常教育行为管理，切实转变教师教学观念，改进教学方式，推行高效课堂模式，提高课堂教学的有效性；培养学生积

极主动的学习态度和科学有效的学习方法与学习习惯,提高学习能力。

学校加强教学常规管理,进一步完善绩效考核方案,建立过程评价机制,逐步形成以落实各项教学常规、促进教师专业成长为目标的评价导向制度;进一步完善校本教研制度,通过自我反思、同伴互助、专家引领、课例研究、过关检测等多种形式对教师进行校本研训,全面实施"教师三年专业发展规划"。

3. 实施温和而坚强的管理,构建学校特色制度文化

学校坚持依法治校、依法治教,坚持以人为本、开放民主、与时俱进的原则,坚持民主管理,科学运行,努力营造科学民主、人性化的管理氛围,倡导教师自觉自主的工作态度和开放包容的心态,努力构建学校特色制度文化。

4. 依托课程建设,打造校园文化品牌

学校以活动创设为载体,以课程引领为核心,以丰富办学内涵为引导,以培养学生阅读素养、科技素养与艺体素养为核心,通过开展丰富多彩、寓教于乐的综合实践与素质教育活动,多样化建设拓展性课程,营造书香校园氛围,努力开发体现地域特点和学校特色的校本课程。

5. 抢抓机遇,实现学校跨越发展

学校完成扩建任务,完成校园文化构建,进一步提升学校的教育现代化水平,积极推进数字化校园和教育信息化建设,逐步构建适合教师和学生需求的现代化教学平台,基本形成适宜于课程学习和课堂教学的网络多媒体资源库。

（二）建构科学发展体制，实施精致教育

我校将以"精细管理，有效教学，提升质量，特色发展"为重点，书写管理、质量、发展三个篇章，弘扬"雅·致"文化，实施精致教育，创建省级规范化学校，实现学校发展的新跨越。

一个目标：高标准展开学校工作，高水平创建省级规范化学校。

一个机制：深入准确把握教育教学规律、学生成长发展规律，优化学校的管理，探求教与学质量的有效提升之路，全面建立起学校各项工作的高效运转机制，实现管理工作精细化、教育教学精致化，建构学校科学长效发展的更高平台。

四个重点：

一是以"5S"精细管理为重点，实现学校工作高效化。

目标：①建构科学管理体系；②培养管理队伍；③建立工作高效运行机制。

途径：①细化管理内容，明确"5S"工作程序，全面建构学校精细管理体系；②注重培训和实践培养，培养一支懂学生、爱学生的新型班主任队伍和骨干教师队伍；③规范工作流程，注重工作效率，关注教职工的素养提升，建立学校工作高效运行机制。

二是以聚焦课堂为重点，实现有效教学。

目标：①建立全面的教师专业发展机制；②提高教师课堂教学水平；③提高学生课堂学习效率；④提高课堂教学效率。

途径：①制定教师专业发展三年规划，以做智慧型教师为先导，以分层培养提升为重点，转变教师的教学方式，形成梯队递进的发展状态；②优化教师"六个做好"，加强过程考评，做好网络环境下的提前集体备课，开展各学科教学会诊活动，发现优点，排除无效教学行为，落实"堂堂清、日日清、周周清、月月清"工作；③落实集体备课学科教研，进行"三案五环节课堂模式"课例研讨，开展学科课程校本化

3

实施策略研究,促进"学科教学"向"学科教育"的转变,提高课堂效率;④做好专家引领,建立校际交流机制,携手名校名师,探寻教学策略支撑教学,建立课堂教学交流平台,促进教师专业发展。

三是以学生发展为重点,实现教育教学高质量发展。

目标:①培养学生文明向上的精神风貌;②培养学生积极主动的学习态度;③培养学生科学有效的学习方法、学习习惯。

途径:①立足序列化、层级化培养目标,建设实施融合礼仪、行为、语言等方面的学生风貌校本课程;②全面实施励志教育校本课程,健全学校、班级激励体系;③研发校本课程,实施重点学科的提升计划,对年级临界生进行重点关注,对学困生进行重点辅导;④进行学生学习习惯教育,建立学生学习能力培养和测评体系。

四是以艺术教育为重点,实现学校特色发展。

目标:①研发特色化的学校课程;②构建学生综合素质评价体系;③探索家长学校的有效开展路径。

途径:①与中央美院建立教学联系机制,推进研发"艺术教育"与"阳光运动"等个性化活动课程,培养学生优雅气质;与国家海洋局合作共建海洋教育基地,开展环保和科技教育。②构建学生综合素质评价体系,用好学生的成长档案,促进学生全面发展。③重视学生家庭教育,建立家校联系平台,形成教育合力,提高社会满意度,办好人民满意的教育。

(三)治 校 方 略

十几年的校长经历使我认识到:办好一所学校不仅要有远见卓识,还要脚踏实地,校长要用先进的办学理念和高超的管理水平,立足本校实际,科学谋划、改革创新,制定一系列工作方案来发展学校。

一所品牌学校,要有高雅的校园文化,精细的管理,优良的办学质量,鲜明的办学特色,办好让人民满意的教育,必须要在"文化引领、精细管理、质量立校、特色办学"十六字上做文章。

1. 文化引领

文化治校是学校管理的最高层次。建设积极向上、品质高雅的校园文化,要做好五个方面工作:

(1)氛围营造:办学办的就是一种氛围,良好的工作氛围也是一种优质的教育资源。学校要在很短的时间内达到教职员工思想和作风上的统一,应该怎么做?

校长要立德立行,领导班子要率先垂范,真抓实干,形成良好的行政风气,以政风带教风,以教风育学风,形成严谨治学、尊师爱生的校风,营造一种干事创业、积极向上的工作氛围。

(2)行为积淀:学校要以人为本,建立健全科学规范的规章制度,用制度规范行为,行为形成习惯,习惯培育传统,传统积淀文化。

(3)精神塑造:学校要加强师德建设,用共同的愿景、共同价值观,用爱心、责任心塑造学校精神文化。

(4)环境彰显:学校要建设与学校精神相一致的校园环境文化。

(5)理念融合:学校要用先进的办学理念融合学校的文化积淀,形成独特的积极向上的高雅文化,来以文化人,润物无声,引领学校发展。

2. 精细管理

学校管理一要科学,二要艺术。一个学校在实现制度管理、规范管理的基础上要尽快实现精细管理。教书育人是一项精细化的系统工程,一所学校能否成为优质学校,关键在于精细化管理的水平。

学校要从全方位考虑,做好"三个关注",建立"三个机制",实现"六项管理",打造"十张名片",实现精细管理。

学校从全体人员考虑,做好"三个关注":

第一,时刻关注领导干部的工作效率。学校行政管理一看决策力,二靠执行力。校长要不断探索完善各项工作,其他干部要把精细管理落实到每一个环节。学校领导班子成员工作要做到:领先一步、科学决策、精心设计、落实到位、成效明显。

第二,时刻关注教师的工作状态。校长要把每一位教师装在心里,做教师专业发展、人生幸福的引领者。教师是学校发展的关键,学校要从以下四个方面做好教师工作。

尊重教师:了解每一位教师的特点,尊重差异。

依靠教师:问计于师,增强教师主人翁意识,让教师参与管理,让学校成为大家共同的家园,让教师有归宿感。

服务教师:把服务管理理念渗透到每个方面,关心、满足每一位教师的生活与工作需要。工作上严加要求,生活中加倍关心。

成就教师:给教师提供一切专业发展的机会,成就自己的事业,首席教师、骨干教师、青年教师分层培养,精心打造名师队伍,让教师发展促进学校发展。

第三,时刻关注学生的学习状态。校长要做促进全体学生进步的教育领导者。学校倡导教师要像对待自己的孩子一样培养学生,让学生养成良好的行为习惯、学习习惯,增强学生主动性,让每个学生生动活泼地发展,让学生体验到成长的快乐。

学校从管理的运行状况考虑,建立"三个机制":即工作的运行机制、目标的导向机制、工作的激励机制。

学校从管理工作全方位考虑,实现"六项管理"的精细化。

①行政管理科学化;②德育管理体验化;③教学管理高效化——立足课堂,立足教研组、备课组;④班级管理自治化——构建学生自主管理体系;⑤安全管理长效化——责任到人,实行无缝隙管理;⑥后勤管理效益化。

学校从一天常规考虑,打造管理的"十张名片":

①升旗仪式:庄严隆重;②课间操:快、静、齐;③转换教室上课:

规范有序;④课间秩序:轻声、快步、右边行;⑤就餐:优化流程;⑥学生路队:一条线;⑦自习课:自主探究;⑧学生自主管理:学生会人员仪态规范,学生自我约束;⑨课堂教学:让每节课都是优质课;⑩社团活动:精彩丰富。

3. 质量立校

较高的升学率只是学校办学质量的一个方面。学校要全面落实课程方案,全面推进素质教育。

学校要让学生全面发展,让学生快乐学习,让学生展示青春亮丽的风采。

学校需做好六项工作:

(1)抓好学科教研组、备课组工作,保证集体备课的效果。

(2)培养学生积极主动的学习态度、良好的行为习惯、有效的学习方法,开展小组合作学习,做学习的主人。

(3)向教学科研要质量,通过自我反思、同伴互助、专家引领、同课异构来实现。

(4)向高效课堂要质量,推进"三案五环节"教学策略,实施学习共同体课堂教学策略,注重学生的参与度、表达精彩度,建立平等民主的生本课堂。

(5)面向全体学生,关注学困生,提高教学质量,做好知识"三清"工作——堂堂清、日日清、周周清。

(6)向特色课程要质量,促进学生全面发展。

4. 特色办学

传统千校一面的发展状况,难以适应教育改革的要求。教育注重个性化和办学特色成为我们的必然选择。学校要立足实际,着眼未来教育,充分挖掘学校资源,研发有学校特色的校本课程,创造精品,提升办学层次,营造人文校园、书香校园、和谐校园、数字校园,在校园文化、教学、管理等学校各项工作中形成自己的办学特色,使学校成为特色品牌学校。

一校之长,责任重大,一肩挑着民族复兴,一肩挑着家长的希望和孩子的未来。工作不会一帆风顺,无论面对怎样的困难,校长都要用自己的信念、意志、人格和智慧去撑起教育的一片蓝天。

二、学校文化

（一）探寻海曲文化，培育阳光学子

学校文化是一所学校的灵魂、核心和本质，学校应具有深厚的文化底蕴和丰富的内涵。学校文化建设的重要性成为所有教育者的共识。文化建设是学校工作的重要组成部分，一个学校的文化凝聚着师生对学校的历史认知和现实感受，积淀着师生最深层的精神追求和行为准则。学校文化一旦形成，就像物理学上的"场"具有强大的吸引力和巨大的能量，虽然看不见、摸不着，但对置身其中的每一位成员都有着潜移默化的影响力，陶冶着每个人的情操，规范着每个人的言行。这就是校园文化的魅力。

为建设具有鲜明学校特色的校园文化，提升学校的办学水平，我校制定了文化建设方案。

1. 立足实际，展现愿景，形成理念

一年来，我校立足海曲文化实际，围绕以"建设现代优质学校，实施高品质的教育，培育高素质的学生"为办学愿景，以"培养有梦想、有追求的阳光少年"为办学理念，健全各种组织，完善各项制度和措施，实行学生星级评定，创建有学校特色的校本课程，力争做到教育形式多样化，学校活动立体化，促进学生行为习惯的养成。2016 年，我校更名为日照市东港区海曲中学。海曲文化博大精深，源远流长，

挖掘海曲内涵,探究文化底蕴,培养学生热爱学校、热爱家乡、热爱日照的高尚情怀,已成为我校学校文化建设的一大亮点。学校把"海纳百川,曲全行远"立为校训,将"美由心生,礼行于外"作为校风,是对海曲精神内涵的丰富与发展。经过全体师生的精心打造,我校逐步形成了"诗文校园、数字校园、文明校园、美丽教师、卓越课程、阳光学子"的文化体系,从而实现我校校园文化的不断发展和全面推进。

2. 精心进行学校文化建设

（1）高标准环境文化建设

学校高标准规划环境建设,把诗文校园、数字校园有机结合,形成既有深厚历史文化积淀,又极具现代特点的外部环境。教学楼大厅展示了学生青春梦想宣言、海曲历史的沿革、学校办学理念、学校办学辉煌业绩和优秀教师的事迹等内容,学校橱窗重点宣传海曲文化、阳光之城、美丽日照、文明校园等方面的内容,这些构成了丰富多彩的校园文化长廊。

（2）高品质班级文化建设

班级文化是校园文化的重要组成部分,是班风、学风建设的主要载体。学校将班级文化建设作为校园文化建设的重点工作,出台了"海曲中学班级文化建设实施方案",开展了一系列的班级文化建设大赛。全校 24 个班在学校的统一规划下,从班级静态文化和班级动态文化两方面入手,进行了以设计班名、班训、班规、班歌,建立图书角、绿植角等为内容的班级静态文化建设,开展组建合作学习小组、体育艺术活动小组等班级动态文化建设,把学校文化建设落实到班级文化建设,通过班级日常活动,达到以文化人、润物无声的效果。

（3）高品位学校标识文化设计

我校立足学校文化实际,精心设计校徽、校歌、校旗,进行学校文化标识。通过楼名、路名、校牌的标识,校服、信笺的设计,形成独特的学校文化标识系统。

3. 全面规划校园文化建设，培育学生核心素养

（1）开展数字校园活动，培养学生的科学精神

学校围绕经济全球化、知识经济、通信网络、科技成果转化等内容，开展了科普宣传、科技知识竞赛、演讲比赛、辩论赛等活动，培养学生的科技素养。

（2）开展诗文校园活动，培养学生的人文底蕴

文化艺术活动对于丰富学校文化生活，营造文化氛围，展现学生风采，陶冶情操有着重要作用。多年来，学校加强了学生艺术团的建设，举办了艺术节学生文艺汇演、学生书画展以及科技制作展等；学校平时还开展知识竞赛、辩论赛、演讲赛、歌唱比赛、音乐欣赏、体育竞赛等活动，举办邮票展览、书法展览、绘画展览、摄影展览、插花展览、手工艺品展览等。这些活动扩大了学生的知识面，提高了学生的鉴赏能力，促进了学校德育和美育工作。

（3）开展文明校园活动，促进学生健康成长

学校建立学生成长档案，实行学生管理星级评价制度，评价内容包括学生的公民道德素养、学习态度与能力、运动与健康、艺术与实践、特长与表现等五个方面，将评价内容形象地转化为"五星"，即品德星、智慧星、健美星、才艺星和特长星等。评价等级分为五级：五星级学生、四星级学生、三星级学生、二星级学生、一星级学生，调动学生的争先意识，形成良好的成长氛围。

（4）进行卓越课程研发，促进学生实践创新

学校根据学生的个性发展需要，进行学校校本课程的研发，精心编排实施。学校开发实施了"太空探秘""现代农业技术""海曲城市建设规划""空气污染的原因及对策"等实践精品课程，促进学生的全面发展。

（5）实施精致教学文化建设，让学生学会学习

学校不断推进精致教学的实施，培养学生学习能力。学校进行

高效课堂探索,积极推进教师提前集体备课、组建合作学习小组、学生自主制订学习计划、学情全面分析等制度建设,全面实施"星卡激励办法",立足于学生学习习惯、学习能力的培养。

(6)实施精益管理文化建设,培养学生责任担当

学校以精益管理为基础,实施学生自主管理,形成良好行为习惯;注重课间操、上下学路队、升旗仪式等学生日常行为规范,明确学生责任担当。

(二)以海曲文化铸魂育人,引领教育内涵发展

我校秉承"文化引领、内涵发展、质量立校、特色办学"的办学策略,走外部发展内涵提升的道路,形成人文管理、民主管理、科学管理有机统一的学校管理文化,实现了四个"一步到位"的年度目标,形成十二大亮点特色。

1. 四个"一步到位"

(1)高标准建设,高标准配置,学校建设一步到位

学校新建9000平方米的教学楼及综合楼,学校电视台、创客室、录播室投入使用,微机室配备高规格电脑,心理咨询室等配备升级,我校硬件建设达到省级规范化学校标准。

(2)高目标要求,高水平提升,精益管理一步到位

我校实行"6S"精益管理,建构全面目标管理和督办制度体系,实现管理"扁平化"。

(3)高起点推进,高质量实施,精致教学一步到位

学校成立"海曲未来名师成长研究中心",建立教师成长档案,开发"海曲子午书简"等13门校本课程,通过走出去、引进来,引领未来名师成长。

(4)高品位要求,高品质规划,文化建设一步到位

学校立足于对学校和地域文化的探究、传承、创新，形成了独特的"海曲文化"，建设城区优质学校，实施高品质的教育，培养高素养的学生。

2. 打造十二大亮点特色名片

学校打造十二大亮点特色：路队整齐划一；课间操快、静、齐；升旗仪式特色化；就餐秩序井然；转换教室上课精益化；课间秩序文明；全面推进"快乐、阳光、高效"课堂教学模式；推动"课堂学习小组"建设；对学生知识学习实行"三清"制度——堂堂清、日日清、周周清；关注优生的发展，注重对临界生实施提升补差措施；注重学生学习习惯和方法的培养，提升学生学习能力；实行"学情分析"制度，做好大型考试质量检测分析，分析、跟踪每个学生的成绩变化。

3. 本年度我校辛勤耕耘结硕果

本年度，我校辛勤耕耘结硕果：

①高质量通过日照市语言文字示范校和东港区文明校园验收。

②学校被评为全区教育工作目标管理绩效考核先进单位、全区教育系统行风建设先进单位。

③26名师生在市级各类比赛中获奖，70多名师生在区级各类比赛中获奖。团体比赛硕果累累：东港区经典诵读大赛二等奖，区合唱戏剧大赛二等奖，区乒乓球锦标赛第四名，区健美操比赛二等奖，校园舞蹈、器乐大赛二等奖，区航模锦标赛二等奖，区篮球比赛体育道德风尚奖、女篮第六名，区足球赛女足第五名，日照市喜迎十九大少儿书画大赛优秀组织奖，日照市培养输送体育后备人才突出贡献奖等。

4. 新一年学校工作计划

新的一年，我们将围绕以下八个方面开展工作。

（1）继续抓好常规管理，促进质量提高

学校严格执行业务学习制度，提倡教师结合自己思想实际写心得体会，认真总结和反思工作得失，理清后续工作思路，努力提高教书育人的自觉性、责任心和业务水平，认真备课。课堂教学上要求每位教师更新教育观念，提倡"先学后教、当堂训练"的课堂教学模式，避免教师"满堂讲"，更重要的是引导学生学会学习。作业设置上要求教师精心选择习题，杜绝无效学习、疲劳学习。着力培养学生认真、精细的良好行为习惯。积极开展第二课堂，组织朗诵、英语口语交际活动，每周按时活动一次，丰富学校生活，培养学生能力。

（2）健全组织，民主管理，促进师生的习惯养成

我校结合实际进行了大胆创新，让学生参与自主管理，充分信任他们，人人做学校的小主人。拓展少先队组织的职能作用，在校园的安全、卫生、纪律及学生日常行为习惯方面，引导学生参与检查、打分、统计及考核等管理工作，促进学生的习惯养成，增强学生的责任感和集体荣誉感。

（3）建设成学生向往的环境典雅优美、内涵丰富的学校

学校继续丰富"海曲文化"的内涵，挖掘文化价值，让学校文化发挥育人功能。创新学校节日仪式，设立学校日，进行月度学生人物、教师人物评选；进行学生微电影录制，开设电影课程，办好校园电视台，实现德育工作课程化、德育活动系列化。根据学生兴趣爱好，帮助学生做好人生规划，引导学生规划职业方向，为学生终身发展奠基。

（4）培养出一支团结奋进、充满活力的教师队伍

学校实行全员导师制，探索实行教师个性化发展评价，鼓励每位教师申报教育教学研究校本课题；学校推动每位教师发展一项体育爱好、一项艺术爱好"1＋1"活动，以教师带学生，定期邀请专家、艺术家指导开课；进行学校管理人员培训，实现精益化管理，落实项目主管制，形成简洁高效规范的学校管理工作运行机制；继续进行"未来名师"发展研究中心工作，立足课堂，促进青年教师专业发展，逐步形

成青年骨干教师群体、优秀班主任群体。

（5）研究并实施具有学校特色的精致教学策略

学校继续做精、做细、做实教学常规管理，加强备课组功能建设，重点做好以下七点工作，全面提升学校的教学水平。①以提前集体备课为先导；②以阳光高效课堂模式为中心；③以合作学习小组建设为重点；④以"周周清"为质量保障；⑤以各项质量提升办法为生长点；⑥实施校领导负责的学科振兴计划；⑦以国家课程校本化、精品课程为研发点，全面实现学生主体的主动发展，积极探索分层教学、走班制。

（6）实现开放办学，建设完成数字化校园运行工作

学校与其他优质学校一起建设发展共同体，各处室工作对标优质学校处室，联合开展研究活动、文体活动、实践活动，形成开放、包容、充满活力的办学机制，建设数据校园，促进学校发展。

（7）进行一流学科建设，全面提升学科教学水平

学校研究并进行各学科建设，形成学科研究、学科交流、学科备课的建设机制，落实集体备课制度，探索合作学习小组建设，实现预习前置、问题前置，先学后教，形成课堂教学高效模式，知识的重点、难点、易错点、考点形成知识树，落实"堂堂清"，实施课程整合研究与探索，全面开放，力促学校学科向全市一流学科迈进。

（8）实行学校品牌建设，提升办学水平、办学声誉

学校在实现和谐稳定安全的基础上，团结奋进，凝心聚力，年内争创省级荣誉称号 1 个、市级荣誉称号 3 个，创造条件争创省级规范化学校，建设一所现代化的优质城区学校。

回顾过去，我们信心百倍，展望未来，我们豪情满怀。在今后的工作中，我们将以饱满的工作热情，以兄弟学校为榜样，昂扬斗志，扎实苦干，用心进取，我们将进一步加强师资队伍建设，努力打造"名师"，用教研教改锻炼教师，用教师魅力熏陶学生，为建设一流规范化学校而努力奋斗，努力开创教育工作的新局面。

三、现代学校建设

（一）创建城区优质学校，实施高品质教育

1. 领导班子自身建设

我校领导班子成员包括一名校长、两名副校长、一名工会主席、一名校长助理兼工会副主席。班子成员分工明确，团结协作。一名副校长分管行政工作，一名副校长分管教学工作，刘维同分管后勤和工会工作，王世荣分管德育工作，高月辉分管党建工作。领导班子成员以身作则、率先垂范，提出了"团结奋进、务实高效"和"干一事成一事"的工作方针，学校领导干部都以"勤"为先，以"和"为贵，以"廉"为荣，"风清气正满校园"。

学校依据"创建城区优质学校，实施高品质教育，培养有素养的学生"的办学目标，面对学校发展的新机遇，立足学校三年发展规划，以"文化引领，内涵发展，质量立校，特色办学"为总体思路，逐步实现学校内部精益管理，建构有效教学，注重校园文化建设和校本德育品牌打造，不断增强学校的活力、实力与凝聚力。

我们制定了学校发展规划和学校章程，制定了教职工考核方案，形成了适应新形势下学校发展的管理制度。在全体教师中形成"干一事成一事"和"我的事情，我来做"的浓厚干事创业氛围，大力推进扁平化管理，建立了内部规范高效运行机制。

2. 教育教学工作

学校推行高效课堂模式，实施精致教学，提高课堂教学的有效性；培养学生积极主动的学习态度和科学有效的学习方法，提高学习能力。

学校加强教学常规管理，进一步完善了绩效考核方案，建立过程评价机制，逐步形成以落实各项教学常规、促进教师专业成长为目标的评价制度。坚持以人为本、开放民主、与时俱进的原则，坚持民主管理，科学运行，努力营造科学民主、温馨和谐的管理氛围，倡导教师自觉自主的工作态度和开放包容的心态，努力构建学校特色制度文化。在全体教师的共同努力下，短短半年，我校教育教学各方面发生了很多变化。

①我们让学生自觉养成讲卫生的好习惯，原来脏乱的教室现在变得整洁，洋溢着浓浓的书香气。

②原来办公室里试卷物品成堆，经过整理后变得整洁有序，现在办公室里摆放了绿色植物，环境变得舒适。

③午休时原来班上十分喧闹，现在变得安静，学生们自觉阅读，努力学习，有序午休。

④课间操时原来学生是散漫混乱地进入操场，现在是排着整齐的队伍走向操场，展现了学生的精神风貌和青春风采。

⑤中午就餐时原来学生是跑着去餐厅挤窗口，现在学生就餐排着队，定窗口定餐位，午餐秩序井然。

⑥全体数学教师利用午休时间，给数学学困生补课，一切从实效出发，数学学科振兴计划成效明显，学生数学成绩提升很快。

⑦教学是一门艺术，我们开始了探索。听评课，教科研，摸学情，定思路，让教学变得轻松而有实效，课堂变得规范。

⑧学校的管理者们在学习探索，怎样能为教师、学生更好地服务，怎样让学校运转更规范高效，怎样精益管理促学校发展。

⑨学校开展高效课堂小组教学活动,效果非常明显,取得了成功。

我们用行动在阐释着责任,体现了"干一事成一事"的工作作风,建设青春美丽校园,培育现代阳光学子。

3. 领导班子自身建设

学校领导班子严格贯彻执行"两学一做"的要求,自觉遵循党风廉政建设和警示教育方面的各项规定。领导班子成员自觉学习,加强团结,勤政务实,廉洁自律,做到大事集体研究,小事相互通气,有功不揽,有过不推。生活上相互关心,思想上相互理解。最让我感觉可贵的是,学校领导班子分工协作、职责明确、独当一面,领导班子中每一个成员,都把各自分管的工作当成促进学校发展的事业来做,从而能主动地、创造性地去设计和组织自己的分管工作,领导成员严格要求自己,廉洁自律。学校领导班子坚持和贯彻民主集中制原则,严格按规章制度办事,学校大笔开支,一是向上级领导汇报请示,二是坚持领导集体研究。大型采购,坚持多人在场,集体议价。我们严格按政策办事,制定方案制度,坚持教师会、校务会广泛讨论,广泛听取意见,决策不主观,不武断,作风民主,政令畅通。

4. 问题与不足

我们在看到成绩的同时,更需要冷静地进行反思。我们认为在学生思想、行为习惯养成上还应不断加强教育督促;在教育观念、教学方式方法、工作能力、管理水平等方面还需要不断改进,学校的各项考核奖励制度等需要调整、修改、完善,以真正起到激发全体教师工作积极性的作用。

我们全体师生共同努力,学校发生了很多变化,老师们的精神面貌焕然一新,幸福指数明显提升,学生开始养成良好的行为习惯、学习习惯。我们学校的美誉度有了很大的提升,社会各界对我们学校给予了充分的肯定。现在学校新教学楼的建设已经开始,海曲中学这一新的名称即将启用,大批新教师将加入我们的队伍,优秀的新生也要到来。我们的追求是建设城区优质学校,实施高品质的教育,培养有素养的学生,学校的未来会更美好。

(二)如何建设一所现代学校

2018 年,海曲中学建校,我们提出了建设现代学校的工作目标。我决定在有限的教育管理生涯中,坚定不移地进行现代学校建设,做一名永求真知的教育者。我们联系北京十一学校,派出一批跟岗研修队伍,跟岗学习他们的课程设置、课程研发、项目管理等,稳步推进海曲中学现代化学校建设。

1. 更新教育理念

学校要建设好名校长工作室、名师工作室这个阵地,组织学习读书会,让学校的未来教育家工程成员深入学习研究北京十一学校李希贵校长的著作。学校每学期选派一批教师去北京十一学校研修,学习先进的教育理念,为全面建设现代学校奠定基础。

2. 改变学校的组织架构

学校在教育综合改革文件的指导下,全面进行组织架构的改革,建设以年级为单位的扁平化管理架构;成立教务委员会、教师委员会,变学校处室行政职能为服务支持职能;把目前上级安排的事务交给以学校办公室为中心的事务中心,成立以总务处为中心的学校保障中心;设立课程中心,把政教处、教导处的管理职能转化为学术研究、指导职能;进一步加强年级实体管理,三位副校长立足年级,兼任三个年级的教育顾问;年级主任的管理职能进一步转化,实行年级工作项目制;探索班主任和导师的并轨制,实行不同年级班主任非对称式兼任导师的做法,尝试转变班主任的工作职能,班主任由管理者变为导师,用心陪伴引领学生的成长,做好学生的人生引导者,为学生的成长做好服务。

3. 适时进行内部管理体制的改革

李希贵校长从高密四中到高密一中,再到潍坊市教委,他每到一个地方,在全面了解学校的教育现状之后,先做的就是学校规划,规划完成之后,就要建立起一个可以保证改革得以实施的机制。他改革的决心令人由衷钦佩。

李希贵校长在高密一中时,就把教师分为三类:见习教师、骨干教师、专家教师,每类教师的条件、职责、待遇不同,变人治为法治,变管理为激励,李希贵校长具有一名卓越管理者的优秀品质和一般人难以具有的胆识。我们不可能打破所有的工资薪酬标准,但目前状况下,学校可以根据教师绩效而不是完全依据个人职称发放薪酬。

学校要构建起一套聘任制、岗位绩效制的内部管理体制,把有限而珍贵的资源应用到学术研究、课程建设与项目运行上来。

4. 致力于改变学校教育生态

管理往后退,教育往前进,这是教育生态的变化方向,旨在弱化管理,增强指导。学校改变政教处的行政管理职能,让学生自主管理,让班主任和导师腾出精力抓建设性工作,心平气和地做教育。学校最终需要的是学生的成长、教师的成就感与成长以及学校的发展。学校要重过程,构建起学生成长的动力机制,在学生的教育中要研究学生的人生目标,让学生在自我加压中成长。把更多的选择权给学生,学生只有学会自我选择,才会成长。让学生成为成长的主人,让学生学会自我管理,学生才会实现真正的成长,才会成为一个真正具有自我精神的人,他才会变得高尚、高雅。

学校要致力于改变教师的工作状态,优化教师评价体系,学校内部管理体制改革完成后,所有的评价都将是机制问题而不是日常的管理问题。学校要继续开展教师月度人物评选,探索激励教师成长、实现职业幸福感的办法。改变对教师教学成绩的评价,更多倾向于对个人主体发展、专业提升的评价。

学校精心规划设置学校纪念日,让学校的仪式、节日成为教育生态的载体,把枯燥的教育生活变得生动起来,把平淡的教育时光变得丰富多彩起来,捕捉教育精彩的瞬间,美化教师的心灵。

5. 实行科学的教育诊断与行动

学校引进"六西格玛管理""平衡计分卡"的管理策略,管理由表象引向实质,由现象变成数据。具体包括:①建立好教育自我诊断体系;②建立好年级自我诊断体系;③建立好各科课堂教学等教学常规的诊断体系;④建立好学生自我发展的自我分析和评价体系;⑤建立好师生关系的自我诊断评价体系。一所学校,如果课堂没变,这所学校在本质上是不会改变的。只有课堂改变了,学校才会从根本上发生改变,学生才会真正发生改变。教学方式和学习方式,是学校教育改变和诊断的核心。要创造适合学生发展的教育,给学生更多的选择,要归还时间给学生,让学生自主学习。

学校要立足项目研究,引导教师实现工作状态的转变,让教师觉得自己是主人,让教师感到工作的幸福,把教师思想引向比认真、比研究、比成绩上来。教师是学校发展的第一生产力,教师的改变不仅是教育诊断问题,更多的是机制、体制和评价问题。

6. 立足课程改革,推行基于标准的学习

目前教师研究教材者多,研究学法的少;研究试题的多,而研究课程标准的少。海曲中学从 2017 年开始致力于教师研究的转变。学校在 2018 年暑假对教师进行了 15 天的专门培训,力促转型与转变,但收效甚微,关键还是在于体制和评价问题。

学校推行的阳光高效课堂模式和学生自主合作学习小组的建设历时较长,但也没有达到预期效果,仍旧是由于教师的学习和培训不够。

基于标准的学习与研究,这是目前学校需要努力的方向。学校引导教师,分类分析学生的知识疏漏,编制纠偏、补差教材,逐步把教师引入教材标准的研究,通过大单元学习的探索,抓住单元核心任务,指向学科核心素养的培养。学校结合学生学习实际,积极设立分层课程、分类课程、学生的特需课程和实践课程。

目前初中的走班制教学还不具备条件,但可以实现实体班为主体、虚拟班为辅助的架构方式。面向同一类学生,通过分层施教、分类指导,促进学生的学科知识融合发展。实现预习和问题前置,必须在校内给学生应有的时间,变45分钟为40分钟,挤出自主预习、复习时间。

"路漫漫其修远兮,吾将上下而求索。"教育是国之大计、党之大计,实现教育的发展,实现教育现代化,建设教育强国,这是历史赋予我们的责任。每个教育者要瞻望未来,站在时代前沿,立足现实,立在当下,努力探索,为教育的发展贡献自己的才智和力量。

四、现代班级建设

（一）班级管理的策略与方法

管理是一门了不起的艺术，它的最高境界就是让每一个被管理的人都感到自己的重要。

——李希贵

1. 班主任的基本任务

《中学班主任工作暂行规定》对班主任任务作了明确规定。班主任的基本任务是按照德、智、体、美全面发展的要求，开展班级工作，全面教育、管理、指导学生，使他们成为有理想、有道德、有文化、有纪律、体魄健康的公民。

2. 班主任工作的主要内容

班主任工作的主要内容如下：

①学期开始，制订班主任工作计划，确定工作的重点，安排好各项工作。

②了解和研究学生。研究每个学生的思想品质、学业成绩、才能特长、性格特征、成长经历、家庭情况及社会生活环境等。掌握学生集体的发展情况、干部情况、班风等，为自己和其他教师的工作提供依据。

③提高学生学习成绩。协调班内各任课教师之间的关系,互通情况,统一要求,改进教学方法,建立学生学习手册等,共同促进学生掌握学习方法,提高学习成绩。

④关心学生的生活和健康。要教育学生养成良好的生活习惯和卫生习惯,要配合有关教师开展好课内外体育活动。

⑤组织学生参加公益劳动。培养学生正确的劳动观点、劳动态度、劳动习惯和为人民服务的精神,并关心学生的健康和安全。

⑥开展班委会工作,有计划地组织好班委会活动,充分发挥学生主动性、积极性和创造性。

⑦依靠并指导共青团、少先队做好工作。既要尊重共青团、少先队组织的独立性,又要充分发挥它们的组织作用,使共青团、少先队组织成为班集体的核心。

⑧做好家长工作。通过家庭访问、微信联系、家长座谈会等,引导家长对子女进行正确的教育。对家长不适当的教育,提出意见和建议。

⑨组织学生参加课外和校外活动。

⑩做好操行评定工作。

⑪处理班级日常工作,如批准学生请假、安排值日、检查课堂学习情况、审查班级日志、组织早操和课间操等。

3. 班主任的工作职责

班主任的工作职责如下:

(1)调查研究学生情况,了解学生的家庭情况、思想品德情况、学习情况、身体情况,以及心理特点、兴趣特长,做好家访工作。了解班级组织、骨干队伍的情况和思想状况,并掌握发展动态。

(2)组织管理班集体。班主任要依据教育方针、教育任务和学生实际情况制定班集体建设的目标,建立班级规章制度,培养良好的班风,做好如下班主任日常组织管理工作:

①组织每周一次的班会课。

②组织学生参加全校、年级的活动。

③督促学生遵守中学生日常行为规范和学校的规章制度。

④督促学生按时上体育课、选修课及各类活动课,了解学生的学习情况和问题。

⑤了解学生的思想品德情况、心理特点和兴趣特长。

⑥与班委会讨论班级情况、遇到的问题和解决的办法、措施。

⑦处理班内突发事件,重大事件立即上报学校。

⑧查阅班级日志和学生周记。

(3)教育指导学生全面发展,为提高学生的思想道德素质、科学文化素质、身体和心理素质打下良好的基础。

①教育学生热爱祖国,逐步树立为人民服务的思想和为"四化"建设而奋斗的志向。

②教育学生努力完成学习任务,帮助学生明确学习目的、端正学习态度,掌握科学的学习方法,不断提高学习成绩。

③组织、指导学生参加学校规定的各种劳动、军训、社会实践活动等。教育学生坚持体育锻炼,养成良好的劳动习惯、卫生习惯和生活习惯,保持身体和心理健康。

④关心学生课外生活,指导学生参加有益身心健康的科技、文娱、社会活动。

⑤鼓励学生发展正当的兴趣、爱好和特长,开展心理健康教育,促进学生的健康发展。

⑥对学生进行安全教育。

⑦做好学生思想品德评定工作。

⑧加强学生法制教育,增强学生法制观念。

⑨建立后进生档案,做好后进生转化工作。

(4)协调各方面教育力量,连通各种渠道。班主任要负责联系和组织任课教师商讨本班的教育工作,协调各种活动。争取本班家长和社会有关方面的支持、配合,共同做好学生的教育工作。

(5)制订好班主任工作计划,检查计划执行情况,做好总结工作。

①班主任工作计划要以教育方针为指导,贯彻学校教育工作的要求,要符合本班的实际情况和特点,要全面、具体、突出重点。

②定期检查班主任工作计划的实施情况,通过检查发现问题,及时加以调控。

4. 班主任一日常规工作

班主任是班集体的组织者、管理者、指导者。加强常规教育、行为规范训练,形成良好班风是班主任的重要职责之一。为使常规教育具体落实,我们特制定班主任一日常规工作如下:

①每天早上检查学生出勤情况,如有缺席,及时与家长取得联系或进行家庭访问,问清原因。检查学生着装、仪表是否符合学校要求,及时进行教育。

②督促学生准时参加升旗仪式、认真做广播体操。

③检查班级卫生情况,了解值日生工作。

④观察班级公物保管状况,发现损坏及时教育和处理。

⑤检查课代表收交作业情况。

⑥每天观察班级上课情况,掌握班级学风的变化。

⑦检查学生做眼保健操及课间文明休息的情况。

⑧注意处理好班级偶发事件。

⑨随时关注班级中出现的好人好事或不良现象,及时进行表扬或批评教育。

⑩认真上好班会课,督促学生认真收听学校教育广播。

⑪关心学生用餐情况,督促学生遵守用餐规定,注意保持环境整洁。

⑫离开教室时,检查班级卫生情况以及"四关"工作(机、电、门、窗关闭)。

5. 班主任一学期常规工作

班主任一学期常规工作如下：

①开学时制订工作计划,学期结束写好工作总结或经验介绍。

②做好班级学生情况分析,保证家访率100％。

③排好座位,安排好值日生。

④组织班干部竞选,积极向学校推荐优秀学生。

⑤抓好学生日常行为规范教育,培养学生良好行为习惯。

⑥培养学生卫生习惯,保护视力。

⑦关心每个学生的成长,每两周召开一次班干部会议。

⑧与任课教师加强沟通,做好学生成长材料收集,写好成长记录。

⑨组织做好教室卫生工作。

⑩组织好每周主题班会课,并做记录。

⑪配合每阶段中心工作,办好每一期的黑板报。

⑫积极配合政教处开展多方面活动,发动学生积极参与各项活动。

⑬经常与家长联系,并做好记录。

⑭抓好后进生转化工作,不让任何一位同学掉队,善于发现后进生的每一点进步并及时表扬,帮助其树立信心。

⑮准时参加每次班主任会议及班主任培训活动。

⑯学期结束写好学生评语。

6. 班主任工作的意义

（1）班主任是班级的组织者、领导者

班主任是班级的组织者和领导者。班主任是在教育活动中行使管理和育人职责的,因此,班主任首先要用自己的学识、人品、工作态度、教学方法等去影响和感染学生,从而树立自己的威信,充分发挥班主任在班级中的影响力。其次,班主任通过组织各种班级活动,在活动中既加强了师生之间的沟通,又增进了学生之间的友谊,形成良好的集体氛围。同时,班主任引导学生主动参与班级管理,培养学生的参与意识和独立工作的能力。

(2)班主任是学生成长的教育者

班主任的本职工作是对本班学生进行全面发展的教育,对学生的全面发展肩负重要责任。班主任要教育学生学会做人、学会做事;要善于发现学生的个性特点、兴趣爱好,挖掘他们的潜能;要激发学生的积极性和进取心,引发他们产生求知的欲望和需求,形成自我教育的能力;要利用和创造条件为学生的发展打下坚实的基础,使学生在德、智、体、美各方面健康和谐发展。

(3)班主任是联系各任课教师的纽带

组织、协调任课教师的教育力量是班主任的重要工作。班主任应该成为本班任课教师集体的组织者、协调者,成为教师集体的带头人。班主任要经常与任课教师沟通学生在学习中的各种表现,共同探讨有针对性的指导策略。班主任要信任与支持任课教师的工作。

(4)班主任是沟通学校与家长、社区的桥梁

学校与家长、社区的沟通主要是通过班主任进行的。班主任要经常保持与家长的沟通,赢得家长的信任,共同探讨教育学生的措施和方法,使学校教育与家庭教育密切配合,取得更好的教育效果。

同时,班主任要注意与社区进行协调、沟通,积极争取社会的教育力量,为学生的发展营造良好的环境。

7. 班级管理的策略与方法

(1)虚实结合

班主任工作涉及学生管理的方方面面,班主任要立足学生的思想和学习的实际情况,从点滴小事做起,同时又要有长远的眼光,坚持学习、研究与探索,做到既务实又务虚,虚实结合。

所谓"务实"，就是班主任工作要从学生实际和班级的实际出发，从当前做起，从具体的小事做起。班主任要心怀学生，心系班级，指导学生的学习和生活，让学生处处感受到班主任的关爱。班主任既是学生的朋友，又是学生的导师、助手。

所谓"务虚"，就是班主任工作需要理论指导，需要不断地总结经验，吸取教训，提高管理水平。

班主任要不断学习新的教育理论，研究探索自己的工作方法与工作策略，努力提高自己的文化修养和理论水平，使班级管理水平更上一层楼。

（2）收放有度

班主任工作要讲究"管"与"放"的艺术。"管"是手段，"不管"是目的，但"不管"绝不意味着班主任对班级发展听之任之。

魏书生曾经说过：管是为了达到不管。

班主任的"不管"是以培养全体学生的"共管"为前提的，是以追求班级管理的"大治"和学生能力的全面提升为目的的。

（3）冷热交替

所谓"冷"，就是"冷处理"；所谓"热"，就是"热加工"。

在班级管理中，有些事情需要趁热打铁，如表扬学生、激励学生、肯定班级的成绩，都要"热加工"，这样有利于激发学生产生前进的动力。有些事情需要"冷处理"，像学生偶尔违反纪律或因能力所限而管理不到位，也许"冷处理"效果会更理想一些。

（4）严宽有据

一般来说，从严管理班级，至少应包括以下几个方面：一是要有严格的要求；二是要有严明的纪律；三是针对违纪要有严肃的态度；四是处理班级事务时要有严谨的步骤。

（5）疏堵相伴

班主任在实际工作中，应该做到：多一些民主，少一些专制；多一些鼓励，少一些批评；多一些引导，少一些说教；多一些耐心，少一些烦躁。这样才能把"堵"与"疏"结合起来,变"堵"为"疏",或者以"疏"为主,以"堵"为辅,从而让学生增强明辨是非与自我教育的能力。

李希贵曾说:作为管理者,我们通常最关注的是制定各种"规定"和严格贯彻这些"规定",却常常忽略了应该如何把这些"规定"转化为学生的自觉行为,进而形成习惯。实际上,只有当规定演化为学生发自生命自觉的习惯,教育管理才能达到它应该达到的最高境界。

(二)做一名智慧班主任

班主任是中小学日常思想道德教育和学生管理工作的主要实施者,是中小学生健康成长的引领者,班主任要努力成为中小学生的人生导师。

好的班集体一定是班风正、学风浓,同学间感情融洽,整体积极向上的,要打造这样一个优秀的班集体,班主任的作用至关重要。班主任作为学生的人生导师,应起到引领示范的作用,以身作则,以自身言行去影响学生。班主任需创设良好的班级氛围,培养学生良好的学习习惯和行为习惯,不断在学生内心根植奋发向上的精神力量。在班级管理中,良好的师生关系是一切教育的基础。以爱动其心,以严导其行,发自内心对学生的爱,是教育的前提。而这种爱,也是一种基于理性的爱,充满智慧的爱。

做智慧的班主任,是时代对班主任的期盼。做智慧的班主任,也是班主任对自身的要求。

1. 勤于读书

(1)班主任要"读"领风骚

班主任要多读书,这是班主任工作的需要,是班主任专业化发展的需要,是班主任成就事业的需要。班主任读书要泛读,要博览群书。班主任读书要精读,读教育学、心理学、管理学等与班主任工作密切相关的书。

（2）读专业经典的书

读教育经典的书和读文学经典的书一样，有着深远的意义。苏霍姆林斯基的许多教育理念、方法跨越时空，穿越国界，闪耀着智慧的光芒，许多做法值得学习、借鉴。魏书生被尊为"当代教育改革家"，被推为班级管理的专家。李镇西所著的《爱心与教育》不仅得到了教师的青睐，而且得到了家长、学生的喜爱。《班主任必读》收录当今中国具有影响力的十二位班主任、班主任工作专家的讲学报告，多方面地展现了班主任工作的研究成果。作为班主任，要多读有助于班主任工作的书籍。

可以这么说，师生之间的矛盾，绝大部分都是因为沟通不畅而产生的，因此，班主任一定要学会如何跟学生说话。推荐阅读：《沟通的艺术》（罗纳德·阿德勒），《老师怎样跟学生说话》（吉诺特），《教师怎样说话才有效》（李进成），《非暴力沟通》（马歇尔·卢森堡），《教师如何与学生沟通》（弗雷尔），《师生沟通的艺术》（屠荣生），《教师如何与学生沟通》（姜荣奎），《班主任如何说话》（赵坡），《名师最有效的沟通艺术》（李燕），《优秀班主任都是沟通高手》（齐学红）。

作为班主任，上班会课是基本功。推荐阅读：《有效主题班会八讲》（迟希新），《班会课100问》（丁如许），《让品格同青春一起成长——常态班会课》（孙晓晖），《素材型班会课》（王家文）。

班主任还需读一些心理学书籍：《教育心理学》（罗伯特·斯来文），《积极心理学》（彼得森），《教出乐观的学生》（马丁·塞格利曼），《思考，快与慢》（丹尼尔·卡尼曼），《做学生最好的"心理营养师"》（梁岗、彭玉华），《走出迷惘——增强你的人格魅力》（朱建军）。

班主任读书视野要开阔，要有一定的深度。

（3）读书应成为习惯

班主任在紧张、繁忙的工作中不要迷失方向，生命需要加油，班主任需要静下心来，认真地读书学习。读书应成为一种兴趣，读书应成为一种习惯,读书应成为一种生活。

2. 乐于积累

(1)班级工作应积累的资料

班级工作应积累的资料如下:

①班级日常工作资料。如班级学生基本信息表、班级日志、学习成绩统计表、文明班级考核记录等。

②分类学生档案。

③教育实践重大事件记录材料。如班级重大活动、偶发事件的处理等。

④班级工作调查资料。

⑤个别学生的心理辅导及谈话记录。

(2)班级"资料库"

班级"资料库"包括:

①班级日记:由每个同学轮流记录。

②班级日志:由值日班长记录,记录班级当天活动情况,如课堂纪律、作业量等。

③考勤簿:由副班长/安全委员记录,记录学生出勤情况,有异常时及时上报。

④班级活动记录簿:由班长记录,记录每次班级活动情况。

⑤光荣簿:由组织委员记录,记录班级的先进事迹、班集体和个人的获奖情况。

⑥各科成绩一览表:由学习委员配合任课老师制作。

⑦作业收交情况记录簿:由课代表、小组长分别具体记录,学习委员负责。

⑧饭卡充费记录簿:由生活委员记录,记录同学们充卡情况。

⑨卫生值日记录簿:设"每天值日情况检查表""室外监督检查表",由劳动委员和值日生填写。

（3）保存资料时的注意事项

保存资料时，既要注意保存文字资料，又要注意保存视频图片资料；既要注意电子文档的保存，又要注意实物的保存。

当我们乐于积累时，我们就会爱上班主任工作。班主任不能只是忙碌事务的应付者，而应该是紧张工作的研究者。角色的变化，反映的是内心的变化，是对班主任工作认识的重要提升。

3. 善于反思

反思时要善于与他人作比较。在"勤"学中成长，在"多"研究中成熟，在实践中成功。

反思时还要多听取学生的意见。一个角度思考不如多个角度思考，一个脑袋思考不如多个脑袋思考。

4. 策略与方案

班级活动就是最有魅力的德育，没有活动就没有教育。只有切合实际、为学生喜爱、体现智慧与创造力的活动才真正富有活力。

班级活动的十大原则为：①教育性；②针对性；③整体性；④开放性；⑤主体性；⑥知识性；⑦多样性；⑧易操作性；⑨创造性；⑩序列性。

班级活动实施的五个步骤为：①活动的选择；②活动前的准备，包括制订活动计划、分工落实任务、会场布置、准备活动教具；③活动的实施；④活动小结；⑤活动反馈，可以采用班级日记、周记、活动纪实、活动总结、座谈会、书面调查等形式。

下面列举两个活动：

活动名称 1：我是最棒的。

班级：七年级。

地点：教室。

活动准备：给学生一周时间，每个学生准备一个能展示自己个性、爱好或文艺才能的节目，如唱歌、舞蹈、武术、乐器表演、美术作品、个人收藏品等。

活动过程：①主持人介绍活动规则；②同学轮流介绍或表演；③班主任总结。

活动建议：班主任也可参与到展示活动中去。

活动名称2：当我迈进新校园时。

班级：七年级。

地点：校园内。

活动准备：①每人写好一篇迈进新校园的感受，如散文、诗歌等；②发言以重点准备和自由发言相结合；③教室由师生共同布置。

活动过程：①班主任简述活动意义；②带学生参观校园，边参观边介绍学校的校貌、校史、校纪，鼓励学生树立远大理想；③回教室或在学校的草坪上，同学们轮流谈自己的感受。

活动建议：活动结束，可拍集体照或制作班级纪念册留念。

可以看出：活动方案需要准备的时间比较长；活动过程缺少一些创意，缺少更多兴奋点；活动的场所局限于教室，尤其是设计中缺少必要的道具；可能会导致个别缺少才艺的学生在今后集体生活中产生自卑心理；活动设计时缺少学生参与，主持人由老师指定，失去了一个让学生公平竞争的机会；缺少对活动资料收集的环节。

在日常学校生活中，缺少班级活动会让班级建设失去了腾空飞翔的一双有力翅膀。那些班级活动坚持好的，在班集体建设上也一定卓有成效。

我们需要研究班级活动，尤其是要研究班级活动的创新设计。

5. 精于研究

在勤于读书、乐于积累、善于反思的基础上，我们应进行班主任工作的研究。研究可以是单兵突进，也可以是团队合作，现在更倡导团队合作。

什么是管理？管理就是决策。管理就是对人的行为进行控制。管理就是通过计划工作、组织工作、指挥及控制工作的诸过程来协调所有资源，以便实现既定的目标。

管理出成效，好班级是管理出来的。班级应成为学生成长的园地，班级管理工作应成为学生发展的重要途径。

（1）"勤"是班主任工作的前提

"一勤天下无难事。"勤是一种工作态度，也是一种生活态度。班主任工作需做到：勤交流、勤鼓励、勤思考。如果教育家从一切方面教育人，那么首先就必须从一切方面去了解人。"数君十过，不如赏君一长。"对班长培训主要分三阶段。第一阶段：明确努力的方向，增强班长执行力，重在制度治班；第二阶段：加强沟通和协调，重在情感治班；第三阶段：强调正能量，实现文化治班。

（2）"严"是班主任工作的基础

严师出高徒，要抓就抓到底，要管就一管到底、不留余地，不要给学生似是而非、模棱两可的感觉。

班主任只有以身作则，严于律己，才能达到"言传身教"的目的，才能令学生信服。

只有严格要求学生，以班规来形成约束力，用纪律来约束学生，才能形成良好的班风。严而不厉，严而有度。

（3）"细"是班主任工作的关键

班主任工作事无巨细，应该做到精细管理。在开学初就应制定班级规章制度，量化细则，班里实行岗位责任制，人人都是班级的管理者，依据"人人有事做、事事有人做、事事有人管、时时有人管"的原则细化分工。

管理学生工作是需要极大的细心、耐心和恒心的，只有细心，才会让学生明白老师的用心，也只有细心工作，才能使学生明理，贴近老师的心。

（4）"实"是班主任工作的保证

①成立班级管理委员会

班级可成立班级管理委员会,学生自主参与班级管理,充分调动每个成员的积极性。班级管理委员会主要实施"三制"班级管理,即班委民主制、值日班长制、人人岗位责任制。

②成立互助小组

互助小组可根据实际情况两人结对,早读时间互相检查监督,平时互相帮助,互相学习,促进学生自主发展。

互助小组成员既是管理者,同时也是被管理者,人人都有主人翁的意识,整个班级也会逐渐进入一个良性循环的状态。

③明确班级奋斗目标

班主任带班要有追求,要有明确的奋斗目标。

目标应有近期目标、中期目标、远期目标,指向必须是一致的。近期目标,是师生最先实现的目标。这一目标的制定,既要有"跳摘果子"的勇气,又要有"成竹在胸"的机智。

班主任应是演说家、鼓动家,鼓励学生不断为实现理想而奋斗。

班主任有三句话要常对学生说:a. 有志之人立长志,无志之人常立志。b. 对人生而言,重要的不是获胜,而是奋斗。c. 把简单的事情天天做好,就是不简单;把容易的事情天天做好,就是不容易。

④改善班级育人环境,促进学生全面发展

班级可设立书架,逐步丰富藏书。藏书以人物传记、文学名著为主,同时配合教学经常开展读书活动。

⑤自主创建主题活动

班级每周评选出一位最出色的同学,通过黑板报介绍等形式予以表扬。班主任要善于通过班会课加强班级管理。班主任要认真设计主题活动、积极实施,努力上好每一节班会课,打造有特色的班会课。

班级的自主管理是一个长期而漫长的过程,而我们不能止于当下。现阶段对学生的培育,需着眼于二十年后的社会发展需要,培育其核心素养和关键能力,为其美好的人生奠基。

每个孩子都是阳光下的植株,拥有惊人的成长速度,每个人都在用不同的方式诠释成长,而我们要做的,就是用心呵护,用爱灌溉,和孩子们共同成长。

班主任工作平凡而光荣,我们要热爱自己的工作。班主任是在实践中成长的,由普通走向优秀,由优秀走向卓越。

(三)做一名智慧的学生管理者

现在中小学生的特点有:心智成人化、行为幼稚化、做事极端化。有些学生管不住自己,拔同学的自行车气门芯,抽走同学的凳子,在厕所内乱写乱画,偷玩手机,破坏学校设施,打架,早恋,等等。面对"熊孩子",我们应该怎么办?

作为老师,打骂学生肯定不对,起不到教育作用,反而带来一些危害。一是绝大多数家长不理解,不支持,且法律严格禁止。二是对教师本人产生严重不良影响。三是对学校产生恶劣影响。

我们应该做一个智慧的教育者,用严明的制度管理学生,用真诚和爱心感动学生,用高超的艺术教育学生,用阳光的心态感染学生。

1. 用严明的制度管理学生

一个没有制度的集体是涣散的集体,一个没有合理制度的集体是可怕的集体。

班主任在制定班级制度时,应将制度的设计与学生的切身利益最大限度地联系在一起。如严重违反纪律者本学期不能被评为三好学生等。

制定班规内容不要太多,多了学生记不住,也做不到。制定班规前要通过故事或事例讲明道理,否则学生会产生反感,如制定班规"不到学校门前小摊上购买食品",可以通过几幅照片让学生明白小摊食品的危害。班规需简明扼要,不能要求太高。

班级管理必须要靠纪律约束学生的言行,而不是仅仅靠班主任的命令。这样班级各项活动才能井井有条,秩序井然。老师初一刚接任一个班,必须十分严厉,没有威严很难有威信。初二时,随着纪律好转,学生的自觉性增加,老师慢慢变得和蔼。到了初三,老师要使学生感到亲切,使学生明白,老师以前的严厉是为他们好。

班级管理,可以先专制,后民主。

2. 用真诚和爱心感动学生

(1)蹲下来看孩子的世界

有位母亲喜欢带着 5 岁的女儿逛商店,可是女儿不愿意去,母亲奇怪,商店里五颜六色的东西那么多,小孩子为什么不喜欢?直到有一次,母亲蹲下身子为孩子系鞋带,突然发现了一种从未见过的可怕景象:眼前晃动着的全是腿和胳膊。于是,她抱起孩子,快步走出商店。

蹲下来看看孩子的世界,与学生换位,反思我们的教育。批评要考虑可接受性,不是一味责问、训斥。从学生的角度考虑,这样的教育有安全感,有安全感的教育才会有效。切记,教育开始之前一定要换位思考,千万不要让学生下不了台。

(2)让学生坐着谈话

犯了错误的学生来到你面前时,不妨搬把椅子给学生。这样做的好处是缓和学生的紧张情绪,拉近师生之间的心灵距离;架起心灵沟通的桥梁,为解决问题做了良好的铺垫。我们可以批评他,可以严格要求他,但我们没有权利歧视他、嘲笑他,更没有权利侮辱他。

(3)你的过去我一概不知

班里转来一位学生。通过初步接触,老师发现该生组织能力较强,很有魄力,可学习成绩一般。老师一直没有去了解他的过去,而是经常表扬他的一些优点。第二学期,他被大家选为副班长。在当天的日记中,他写道:"老师,您难道不知道,我是因为经常打架被开除才转学的吗?"老师在他的日记中写了这样一句话:"你的过去我一概不知,我只看你现在的表现。"

不去了解学生的过去,只以欣赏的目光去寻找他们的闪光点。去给学生一个平等的机会,也给自己一个宁静的心境。再差的学生也有可爱的地方,只是我们没有发现。

我们要牢记:尊重并赏识每一个孩子。

(4)鼓励的力量

罗尔斯出生于美国纽约贫民窟,从小就经常逃学、打架、偷窃。一天,他又到老师办公室偷东西,当他从窗台上跳下,走向办公桌时,校长保罗将他逮个正着。出乎意料的是校长没有批评他,反而说:"我一看你修长的手指就知道,将来你一定会是纽约州的州长。"罗尔斯大吃一惊,因为在他不长的人生经历中只有奶奶让他振奋过一次,说他可以成为五吨重的轮船的船长。他记下了校长的话并坚信这是真实的。从那天起,"纽约州州长"就像一面旗帜在他心里高高飘扬。他的衣服不再沾满泥土、语言不再粗鲁难听、行动不再拖沓和漫无目的。在此后的 40 多年间,他没有一天不按州长的身份要求自己。51 岁那年,他终于成为纽约州的州长,也是纽约历史上第一位黑人州长。

如果当时校长抓住罗尔斯后说:"你这么小的年龄就偷东西,将来一定是个盗匪。"这会对他产生什么影响呢? 教师具有极大的力量,能让学生活得愉快或悲惨,能让学生丢脸或开心。教师一句话可以成全一个学生,也可以毁掉一个学生。优秀教师发现学生的优点,表扬鼓励发扬它;一般教师发现学生的缺点,讽刺挖苦强化它。

教师要揣满"高帽子"进课堂,让学生在赏识中成长。班主任的嘴是鼓风机,学生是苗圃里的草,你想让他往哪边倒,你就使劲往哪边吹。

(5)不必让学生一定承认错误

有位男生拿了别人的东西,证据"确凿",但他就是"嘴硬",矢口否认。作为老师该怎么办？其实很简单,告诉学生:"老师相信你是一个好学生。你回到班上去吧。今天的事,我们不会对任何人说,将这件事忘记,相信你以后会做得更好。"

学生犯错,必须认错吗,必须要流出悔恨的泪水,并说出以后再也不犯了、今后一定改正之类的话语吗?教育是让学生心灵触动,给孩子一个台阶下,也许比逼着让他承认错误效果更好。

(6)改变能改变的,接受不能改变的

渔夫从海里捞到一颗大珍珠,晶莹圆润,渔夫爱不释手。但美中不足的是,上面有一个小黑点。渔夫想,如果能把小黑点去掉,珍珠就完美无瑕,成为无价之宝。

于是,他耐心地剥去黑点。可是去掉一层,黑点依然存在;再去掉一层,黑点还是存在;再去掉一层……最后终于去掉了,不过,令人惋惜的是,这颗大珍珠也已不复存在。

每个学生或多或少存在着"黑点",不时会犯各种错误。要允许学生犯错误,不要追求孩子"白璧无瑕"的完美境界。班里学生犯错是常态,对于学生身上的缺点,改变能改变的,接受不能改变的。

一看学生犯错误就不能容忍,用刻薄的语言训斥,狂风暴雨,这样做,势必造成师生对立。不要轻易请家长到学校,遇事找家长是教师无能的表现。班主任要善于做思想工作,而不仅仅是学生心目中威严的"老大"。

因材施教,有教无类,教育需要爱。爱并不仅仅是一种态度,更是一种能力。

3. 用高超的艺术教育学生

(1)运用"二八法则",塑造优秀班级

在班级管理中不能"眉毛胡子一把抓",应将80％的精力放在20％的事情上。虽然班干部占班级人数的少数,但是他们对班级的发展起着决定性作用,加强对他们的培养,让他们再去带动大多数学生,可以提高班级的管理效率。

要重视"榜样的力量"。班风的好坏取决于班内少数的核心成员,可积极树立各种标兵,发扬正能量,来激发整个团队的活力。如评选十佳少年、十佳学习标兵、十佳纪律标兵、十佳卫生标兵、十佳歌手等。

（2）师生之间保持合适距离

两只刺猬由于寒冷而拥在一起,可它们身上都长着刺,刺得对方不舒服,于是离开一段距离。但又冷得受不了,于是凑到一起。几经折腾,两只刺猬终于找到了一个合适的距离,既能获得对方的温暖又不至于被扎。

教师应与学生保持亲密关系,获得学生的尊重,同时应与学生保持一定的距离,防止与学生称兄道弟、嬉笑打闹。近则庸,疏则威。原本很受学生敬佩的教师,如果与学生"亲密无间",就会使自己的缺点显露无遗,学生不再敬重。

（3）预防破窗效应

美国斯坦福大学心理学家菲利普·辛巴杜将两辆相同的汽车放在路边,其中一辆车的引擎盖和车窗都是打开的,另一辆则封闭如常。打开的那辆车在3天之内就被人破坏得面目全非,而另一辆车则完好无损。实验人员在完好的这辆车的窗户上也打了一个洞,只一天工夫,车上所有的窗户玻璃都被人打破,内部的东西也全部丢失。如果窗户破了没有及时修补,不久其他窗户也会被人打破;一面墙,如果出现一些涂鸦没有被清洗掉,很快墙上就布满了乱七八糟的东西。结论:既然是坏的东西,让它更破一些也无妨。对于完美的东西,大家都会不由自主地维护它,舍不得破坏。

班级要建立班级管理制度,不准打破第一扇窗,并且要能够严格执行。及时修好"第一个被打碎的窗户玻璃",不放过每一个小错,让"破窗"难成"效应"。

（4）利用角色效应

在班级中,每个学生都扮演着各种角色,而且会通过对角色规范的理解,力求使自己的行为合乎规范,这就是角色效应。班主任要用适当的角色来改变某些学生的心理和行为。如让纪律性较差的学生当小组长、课代表或临时负责人,有了"头衔"以后,他就会在心理上把自己列入学生干部的行列,就会觉得自己某方面的能力得到了承认和肯定,就应该好好表现自己在这方面的能力,而不应该带头违反纪律。干部轮换制、值周班级管理、课本剧表演等都是角色效应的应用。

4. 用阳光的心态感染学生

(1)要主动适应环境,不要抱怨

一艘战舰在浓雾中航行,瞭望员突然报告:"右舷有灯光。正在逼近。"这表示双方会撞上,后果不堪设想。舰长通知对方:我们正迎面驶来,请你转向 20 度。对方答:建议你转向 20 度。舰长下令:"我是舰长,请转向 20 度。"对方说:"我是二等水手,建议你转向。"舰长勃然大怒:"我这里是战舰。"对方的信号传来:"这里是灯塔。"战舰乖乖地改变了航道。

我们不可能改变周围的环境,否则你会碰得头破血流。地面总有阳光照不到的地方,如果我们只盯着黑暗处,那只能自寻烦恼。埋怨环境不好,常常是我们自己不好;埋怨同事狭隘,常常是我们自己不豁达;埋怨天气恶劣,常常是我们抵抗力太弱;埋怨学生难教,常常是我们自己方法太少。

改变自己,适应环境。

(2)不追求完美

要允许学生有缺点,不追求学生完美。

每个学生兴趣专长不同,成绩有差别很正常。只要孩子一生健康成长,有一个幸福的人生,我们就是合格的父母、合格的老师。

(3)要开阔心胸,不放大痛苦

一位禅师有个失去父母的弟子。弟子天天以泪洗面,感觉很痛苦。一天,禅师将一把盐放入一杯水中让弟子喝,弟子说:咸得发苦。禅师又把更多的盐撒进湖里,让弟子再尝湖水。弟子喝后说:"新鲜,还有甜味。"这时大师对弟子说道:"生命中的痛苦就像是盐,不多,也不少。我们在生活中遇到的痛苦就这么多。但是,我们体验到的痛苦,却取决于将它盛在多大的容器中。所以,当你处于痛苦时,你只要开阔你的心胸……"

痛苦是生活的一部分,我们无法阻止,只能选择怎样对待。今天再大的事,到了明天就是小事;今年再大的事,到了明年就是故事;今生再大的事,到了来世就是传说。时间可以抚平任何伤痛。工作和生活中,没有过不去的坎。

(4)要活在当下,不后悔过去

我们需要反思过去,但不能对过去的失误和不愉快耿耿于怀。如果总是为逝去的流年伤感,只会白白耗费眼前的大好时光。

1990年,曼德拉出狱。1994年,曼德拉当选南非总统,在就职典礼上,他的一个举动震惊了世界。年迈的曼德拉缓缓站起身来,恭敬地向三个曾关押并迫害他的看守致敬,在场的所有来宾以至整个世界,都静下来了。曼德拉说:"当我走出监狱大门时,我已清楚,若不能把悲痛与怨恨留在身后,那么我其实仍在狱中。"

活在当下,关掉身后的门,忘掉过去的烦恼,不为昨天悔恨。

(5)不预支烦恼

小和尚每天早晨清扫院子里的落叶,很辛苦,这让小和尚烦恼不已。有个和尚说:"你在打扫之前先用力摇树,把叶子通通摇下来,明天就可以不用辛苦扫落叶了。"小和尚觉得是个好办法,于是使劲摇树,这样他就可以把今明两天的落叶一次扫干净了。打扫完院子,小和尚一整天都非常开心。第二天,小和尚到院子里一看,不禁傻眼了,院子里如往日一样落叶满地。老和尚走了过来,意味深长地对小和尚说:"傻孩子,无论你今天怎么用力,明天的落叶还是会飘下来啊!"

启发:我们是不是也和小和尚一样,想把人生的烦恼都提前解决掉,以便将来过得更好。实际上很多事无法提前完成,过早地为将来担忧,于事无补,只能让自己活得很累,剥夺本该属于当下的快乐。牢记:不要预支明天的烦恼。科学家对人的忧虑进行分析发现:40%的忧虑来自未来的事情,30%的忧虑来自过去的事情,22%的忧虑来自微不足道的小事,4%的忧虑来自我们改变不了的事实,只有4%的忧虑来自我们正在做的事情。

人类96%的忧虑和烦恼是没必要的,是自找的。活在当下,精彩每一天。

(6)要知足常乐

一部高档手机,70%的功能是没用的;一款高档轿车,70%的配置是多余的;一幢豪华别墅,70%的面积是空闲的;一屋子衣物用品,70%是闲置没用的;一辈子挣钱再多,70%是留给别人花的。

享受人生,守住30%便好。

(7)要苦中求乐,不要怨天尤人

在生命旅途中,很多东西是不可逆转的,无论是青年、中年还是老年,都有着各自的烦恼。人生苦短,我们所能做的是在各个阶段寻找或制造属于自己的快乐。幽默、快乐一点,让我们的心情得到放松。乐观、自信,生活就会充满希望。请记住:没有任何人能阻止你快乐!

(8)怀平常心,不要把自己看得太重

一只骆驼,辛辛苦苦穿过了沙漠,一只苍蝇趴在骆驼背上,一点力气也不花,也过来了。苍蝇讥笑说:“傻骆驼,谢谢你辛苦把我驮过来。再见!”骆驼看了一眼苍蝇:“你在我背上的时候,我根本就不知道,你走了,也没必要跟我打招呼。你根本就没有什么重量,你别把自己看得太重。”

生活中,我们有没有太看重自己,我们是不是经常以自己为中心,受一点委屈就觉得上帝对我不公。荣誉、职位一旦没有得到,是不是心情郁闷,认为自己是最不幸的人,感觉前途一片茫然。

别把自己看得太重,你就不会失重。别把自己看得太高,你就不会失落。

(9)要勤奋工作,不要留下遗憾

认真工作不是为别人,而是一种自我满足,一种享受。要想自己快乐,就要用心工作,应付工作肯定不快乐。

五、现代教学策略

（一）课堂教学的五个环节

1. 温故知新——起点准确

温故知新是最常见的课堂教学导入方式,其特点是以复习已经学过或学生日常生活中已经了解的知识为基础,将其发展深化,引出新的教学内容,该环节一般用时 5 分钟。导入形式有直接导入、直观导入、故事导入、问题导入、情境导入、设疑导入、经验导入、作业点评、预习展示等,教师需要根据学生的实际情况进行精心设计,这样才能激发学生的学习兴趣,起到事半功倍的效果。无预习不上课,预习问题前置至关重要,课前预习可让学生更加明确本节课所学内容,了解自己的掌握程度,带着问题上课。

2. 导学释疑——探究有效

本环节是一堂课的核心环节,一般占用 20 分钟时间。此环节要抓住"三讲三精"。

三讲:讲重难点;讲易混、易错点;讲方法。三精:精确、精练、精彩。

（1）四个要点

①探究有效

教师要善于设计自主探究问题的情境,在教学中创造条件让学生提问,并探讨提出的问题,从而培养学生自主学习的能力。

②合作交流

"交流"要求以学习小组为单位,通过激励机制,让学生在小组集体中自主学习。

③有效点拨

教师要引导学生抓住关键线索,引导学生深刻、灵活地思考问题。

④成果展示

对于学生的合作探究成果进行展示。

(2)把握"学""讲""点""评"

①"学"——学生的学习

学生的学习主要包括自主学习、合作学习。针对教学中的重点、难点问题,教师引导学生开展合作学习、讨论交流,达成共识。

在学生合作学习过程中,教师应积极引导学生紧扣教材,有针对性地对问题展开讨论交流,最大限度地提高课堂教学效率。本校构建的学习合作小组在该环节就是一个很好的体现。

在学习过程中可按照抢先学习策略和"导师制、捆绑式"合作学习办法进行学习。

②"讲"——学生的讲解

在该环节,教师既要研究如何把每一个学生变成"小先生",还要研究学生讲课的时效性,全方位培养学生,避免走形式,浪费时间。讲解有小组内讲解、全班讲解。学生在合作学习过程中可以得到很好的锻炼,通过给组员讲解问题、展示成果,使自己本身的能力得到提高。教师要尽可能地提供更多让学生展示自我的机会,使学生能够大方地走上讲台讲课,通过讲课锻炼自己的表达能力。

③"点"——教师的点拨

学生解决难点问题的时候,教师应当适当点拨。学生的讨论交流偏离主题时,教师应适当点拨,把他们拉回主题。学生对相关知识进行归纳总结时,教师应进行方法或方向的点拨。学生产生疑问时,教师应适当找准节点予以点拨。学生面露疑惑、眼神迷茫时，或面面相觑、默默无言时，或叽叽喳喳、争执不下时，都是教师点拨的最佳时机。

④"评"——教师的点评

在整个教学环节中，教师要及时对学生的表现给予点评。这里的点评分为软评和硬评。

软评即善于捕捉学生的优点及时评价，针对学生的表现具体评价。评价要具有激励性、导向性，方式要灵活多样，评价要有限度。

硬评包括：学校统一评价，如黑板展示加分；教师自主评价，教师口头加分；一分钟点评，即每堂课最后一分钟点评。

3. 巩固提升——注重应用

本环节的目的是通过练习巩固知识点，并对学生进行能力上的拔高。因此该环节的设计应紧扣本节课的学习目标和教学内容及学生的认知水平进行，选择能覆盖本节课所学内容的习题，难度不可太大。本环节一般占用 10 分钟时间。

各小组成员争相展示本节课学习成果，其他小组进行纠正、补充、质疑、点评，对知识加以巩固，进行知识的迁移和拓展延伸。

要精选练习题，做到练有目的，练有重点，练有层次，形式多样，针对性强，及时反馈。

（1）内容设计

根据本节课的知识点、能力点，巩固提升题应分为基础达标题和能力拓展题。

基础达标题的设计应紧扣学生的认知水平进行，难度不可太大。

能力拓展题，重点是培优，目的是让优生"吃饱""吃好"。巩固提升，为学生搭建自主发展平台夯实了基础。

巩固提升题要注重开放性。条件不完备、问题不完备、答案不唯一的练习，具有发散性、探究性、发展性和创新性的特点，有利于促进学生积极思考,拓展思路。通过这样的练习,学生的思维越来越灵活,应变能力越来越强。

（2）教师关注

在学生答题时,教师的巡视是很重要的。因为这是教师掌握学生答题情况,随后进行评价和订正,进行强化训练的依据。巡视时,教师要带着较强的目的性看,重点看哪些学生、哪些题目,都要有针对性。如果看得没有方向,不仅浪费了时间,还得不出什么结论来。

有的题目在预设时就考虑到学生可能会完成得不好,但这又是体现教学重点的题目,那么教师一定要看这种题目的答题情况。不怕学生答错,要看清学生为什么答错,他们产生了什么样的理解障碍。

4. 检测反馈——有效学习

本环节是教学效果落实的关键,目的是学生巩固所学知识,反馈教学效果。学生完成检测,显示出对学习任务的掌握情况,教师及时获取反馈信息并进行补救。本环节一般占用 5 分钟时间。

本环节以练习、问答、回想、小结等多种形式进行回归性检测,注重突出"弱势群体"。

5. 延伸拓展——整合衔接

好的课堂总结既能使本堂课的教学内容得到升华和总结,也能为学生的继续学习拓展新的道路。本环节一般占用 5 分钟时间。

其意义为:对所讲授的知识加以总结、整理。深化概念、规律,反馈信息。设下伏笔,为后续教学服务。

延伸拓展的方法有:

画龙点睛法:在结束课程时将重要内容进行精辟的概述,或提出能引人深思的问题,引导学生提升认识。

置疑法:在准备结束新课的学习时,突然设置疑问,使趋于平静的课堂再起波澜。这种置疑也可以延伸到课外。

衔接法：为了下节课的顺利进行，老师通常在结束一堂课时，向学生提出预习新课的要求，将这节课的内容过渡到下一节课。

延伸拓展的方法还有启迪法、求异法等。

（二）高效课堂之备课及导学案设计

1. 备课

（1）备课的要求

备课要求如下：

①教师要认真备课。教案项目齐全，书写规范，设计科学，条理清楚，体现创新意识，具有可操作性。每次课后都要在教案中认真书写教学反思。

②按时审批教案，每周四上午放学前将教案送教导处审批。

③施行先周备课制度，杜绝不备课就上课。

（2）备课的关注点

备课（教学设计）应关注以下三个方面：

①精选教学内容（教情）

a.吃透教材，感悟文本。全面了解编者思路与编写意图，把握重点、难点。

b.合理舍弃，突出重点。研究教什么，不教什么。

c.创造性使用教材。改变教学内容呈现方式，努力使教学内容生活化、情境化、动态化。

d.整合教学资源。按教学目标把教材知识、教学参考内容、训练题有机统一起来。

②找准学生的起点（学情）

备课时要思考：

a.学生是否已经掌握或部分掌握了教学目标中要求学会的知识与技能？

b.学生间的差异程度如何？学生在学习某一内容前的起点（学情）情况是怎样的？

c.哪些知识学生能够自主学习？哪些知识学生可以合作学习？哪些知识需要教师讲授？哪些地方需要教师点拨和引导？

③研究实施过程（教法）

a.选择教学方式

教学有法，教无定法，教必得法。教学应立足常规、倡导启发、推行探究、鼓励创新。自主、合作、探究的学习方式，就是通过学生自主提问、自主讨论、自主选择、自主创造、自主领悟、自主体验等过程，真正让学生学会学习、学会探究、学会创新。

b.注重教学艺术

教学应注重教学艺术，教学内容再现美，主体情思表现美，优化教法传达美，个性特色风格美。

c.整合教学手段

教学应充分发挥信息技术的优势，以各种形式、多种手段帮助学生学习，进一步调动学生学习的积极性，提高学生信息素养及综合能力。

（3）备课的步骤

①学期备课

在学期（或学年）开始前，要在钻研教学大纲和通览教材的基础上制订出全学期（或全学年）的教学计划。其主要内容是：

a.确定全学期的教学目的、要求和重点。

b.安排一个学期的教学进度。

c.合理分配教学内容和时间。

d.考虑教学方法。

e.做好教学（包括教具）准备。

通览教材的作用：

a.可以明确教材的逻辑系统。

b.有助于教师讲课时分清主次,突出重点。

c.通览教材,就可以总览全局,给制订学期授课计划提供依据;通览教材,才能通盘安排教学进度,不致前松后紧或前紧后松。

d.通览教材,就能了解这册教材有什么难点,及早进行准备;通览教材,有利于有计划地安排学习,同时把需用的教具都事先准备齐全。

②单元备课

在一个单元或一个课题的教学之前,还应进行单元(或课题)备课,拟出一个单元(或课题)的教学计划。单元备课主要包括以下内容:

a.进一步熟悉与掌握教材内容,领会本单元编排的目的与意图,确定单元(或课题)的教学目的与要求。

b.配备习题,安排授课时数及教学步骤。

c.根据教材重点、难点、关键点,确定主次、先后、详略。

d.以单元为单位,把讲、读、写、练、实验和实践恰当地结合起来,通盘考虑学生能力的培养。

单元备课的好处为:

a.便于全面分析一个单元的教材,从整体出发,通盘考虑这一单元的教学计划和教学方法。

b.能有较充分的时间来钻研课本中的疑难问题,事先加以解决。

c.能把备课和业务学习更好地结合起来,并起相互促进的作用。

③课时备课

课时备课的主要任务是:进一步熟悉教材,写出具体教案,确定课时教学目的、教学方法、板书计划、课内外练习题等。钻研全册教材、单元教材和每节课的教材,要求各有不同,但都应遵循"从全体到部分,再从部分到全体"的原则。即从全册教材的系统性中看到每一部分知识所占的地位,又从那部分知识中看到它与旧知识和未讲到的新知识之间的联系,做到心中有数。

④课后备课

教学工作也是一样,必须善于课后总结,也可以说是课后备课。有些教师以为讲课是备课的结束,讲完了课就万事大吉。不是的,要想真正提高教学水平,做好课后备课乃是极为重要的一环。课后总结必须和调查研究相结合,其中最宝贵的材料是学生提出的问题和意见。教师应该随时记下这些反映,并不断加以分析研究。不要因为经验与意见零碎、细小而等闲视之。如此日积月累,持之以恒,教学质量就会不断提高。

(4)备课的过程

备课的过程是:自备备课,集体备课,再自备备课。在备课的过程中,还可以适当采用开门备课的形式。

自备备课:首先应个人钻研,独立思考。认真自备备课,是提高集体备课质量的前提。

集体备课:集体备课的好处很多,主要是通过集体研究,就可以相互启发,集思广益。集体备课有利于促进教师团结,形成教师集体。

再自备备课:集体备课后,要把集体讨论中得到的成果加以消化和巩固,再进行个人钻研。

(5)备课的反思

①有没有目标短视现象? 为什么有的老师教出来的学生没有"后劲"?

这是由教学视野的缺失所致。如何拓宽教学视野? 应该重新思考目标定位。目标就是学生预期学习结果,大体分为课程目标、模块目标、教学目标(学习目标)。课程目标,就是指向学科素养;模块目标,就是指向学科思想方法;教学目标,就是指向具体知识点。目标定位就是要思考"留给学生什么",经验表明:一般教师和优秀教师的区别就在于对教学目标及教学内容的理解、关注、把控不同。

②有没有尊重学生的智能差异？为什么有的学生会有"瘸腿"挂科现象？

这是因为没有尊重学生的智能差异，实施差异教学所致。要尊重学生学科智能差异，确立多元智能评价观。"相信每一个学生都能学好"应该是指每一个学生都有自己的智能优势和自己的智能弱势。

③有没有对教材活化处理？为什么有的老师备课周详但课堂效果不佳？

这是因为没有对教材进行二次开发所致。教材处理就是要对教材进行"二次开发，活化处理"。所谓活化教材就是将教材内容按其生活原貌活化于课堂，形成不同侧面、不同形式的活动，让学生共同投入、互相交流，帮助学生将所学知识变成技能。备课越细致，越能优化教学目标与教学方案，在课堂教学过程中，面对学生的突然发问和讨论中伴生出的新问题，教师能从容应对，相机指导，实现既定的教学目标。备课的直接产物和表现形式是课时计划（教案）。课时计划是教师备课的结晶，是进行教学的依据。课时计划的执行，使我们每一堂课都有明确的目的性；使我们能科学地、精密地分配课堂的每一分钟时间。

（6）教案的内容

教案的内容一般包括：①授课班级与授课时间；②课题或教学内容；③教学目标及要求；④课程的类型；⑤教学方法；⑥教具准备；⑦教学重点、难点、关键；⑧教学过程安排及时间分配；⑨板书设计；⑩教学反思。

2. "先学后教，高效课堂"导学案

（1）导学案的作用

导学案是学科教师根据课程标准要求、教材特点、教学目标和学生实际，为指导学生进行主动知识建构而编制的学习辅助材料。它

以学生的发展为本,以教学目标的达成为出发点和落脚点,遵循学生的学习规律,将学习的重心前移,通过科学有效的导学、导思、导议、导练、导评,实现学习效益的最大化。

导学案的作用如下:

①有利于落实学生主体地位。

②有利于发挥教师主导作用。

③有利于实施因材施教。

④有利于减轻师生过重的负担。

⑤有利于培养学生的学习能力。

⑥有利于激发学生的学习兴趣。

⑦有利于学生对教材的学习与理解。

⑧有利于教师专业发展。

(2)怎样编写高质量的导学案

①编写导学案的基本要求

编写导学案的基本要求如下:

a.参照教师用书课时安排意见,与教材基本同步。

b.使学生学有目标,学有方法,学有信心。

c.重点突出,各个教学环节要求具体明确。要让学生做什么、什么时候做、用什么方法去做、用多少时间去做、做到什么程度才算符合要求等具有可操作性。

d.复习诊断题、导学思考题、精练反馈题、拓展深化题要少、精、活,并具有基础性、导学性、导思性、典型性、针对性、层次性。

e.集教案、学案、笔记、测评等于一体,力求学生能学、教师能教、家长能查。

②导学案栏目设置与作用

a.学习课题:点明本节课所学内容与范围、学习目标及重难点,列出本课时学习目标及重、难点。学习目标要十分明确具体,可操作、可测评。

b.预习前置:供学生课前先学或课内自学用。将新课重点内容循序渐进分点、分问题、分层次列出,供学生学习时思考、质疑。每课设置三至五道题,有时可安排一至两道提高题或讨论题。

c.温故知新:供学生课前复习用。内容来源于两方面:一是与本节课所学知识有联系的旧知识;二是上节课所学知识。起铺垫、巩固和温故知新之作用。设置两至三道题,学生课前用 10 分钟左右即可完成。

d.检测反馈:供教师教读或导读或学生自学后检验新课知识掌握情况。题目紧扣教学目标,一个知识点出一至两道题即可。在多数学生自测的同时,安排若干名学生在黑板上板演解题过程,供师生讲评。不得让学生提前做,且不得提前印发给学生。

e.巩固提升:供学生课内过关用。多数题目来自课本练习题、习题,题型要多样,题目要精选,各题要有分数,相当于一份小试卷。教师要指导学生自我评价或相互评价。

f.评价小结:在学生自我评价或相互评价的基础上,教师进行总结性评价。教师归纳出本课重点、关键点和应注意的问题,形成知识结构,供学生复习、巩固用。课后小结有时可由学生做。

g.拓展延伸:大部分题目来自课本之外,以满足不同层次学生需要。

(3)怎样设计好"导学思考题"

设计"有思考价值的问题"十分重要,问题的设计必须具有科学性、启发性、针对性、艺术性和实效性。问题的大小、深浅、繁简等"度"的把握也十分重要。其一般来源如下:

①教材中的重点、难点、注意点;

②学生易出错、易混淆、易遗忘的问题;

③教师觉得最想讲、最必要讲的问题;

④思考性、导向性、典型性、规律性特别强的问题;

⑤有利于学生养成好习惯、掌握好方法、形成好思想的问题。

（4）怎样设计好检测反馈题

设计检测反馈题，有以下要求：

①题目要少、精、活。能紧扣课标、目标明确、重点突出、基础扎实、启发思维、难易适中、分量适度、针对实际。

②类型、题型多样化。如诊断性练习、单一性练习、巩固性练习、对比性练习、针对性练习、多元性练习、翻译性练习、操作性练习、综合性练习、发展性练习、创造性练习，等等，要主、客观题相结合。

③分层要求。A 层次题侧重于基础知识和基本技能，侧重于巩固强化所学知识的识记、理解与运用，主要供一般学生使用；B 层次题侧重于对所学知识的深化运用，难度、灵活度较大，主要供学有余力的同学使用。

（5）怎样运用好检测反馈题

运用检测反馈题，要做到以下几点：

①要注重培养学生的时间观念和效率意识。要求他们在 15 分钟左右采用最佳的方法解决问题。切忌"放羊式"让学生自由练习。

②要加强练习方法的指导。教师要教给学生做练习题的好方法，开始时要做必要的示范，要求学生认真审题，细心解答，先求正确与规范，后求熟练与速度，要重视培养学生做完练习后进行自我检查的好习惯。

③要注意练习结果的及时反馈。教师对学生的练习应及时地、客观地、正确地予以评定，指出优缺点，表扬练习中表现好的学生，注意纠正学生练习中出现的错误，指出改进的要求与方法。让学生能看到成绩，知道不足，改进方法，增强学习动力。

（6）评价导学案的标准

①有针对性

有针对性就是指教师设计导学案时，要做到"心中有人，目中有纲"。

"心中有人"指心中要有学生，要充分了解学生认知水平和已有的知识基础，充分考虑如何导学生学，如何导学生思，如何导学生议，如何导学生练,如何导学生评,如何做到因材施教。

"目中有纲"指要以课标为纲,以教材为依据,要做到目标明确、重点突出、难点分散、方法得当、结构合理、层次分明。

②有导学性

有导学性就是要把学法指导贯穿始终,这是"教会学生学习"的前提和保证。学法指导主要包括知识识记和技能训练的方法指导、问题的处理策略指导。在导学案中要有学习目标设计,解题思路、方法、技巧及疑难问题解决的提示,要构成一条明晰的学法指导线。

③有探索性

有探索性就是指导学案设计的问题是真问题,能够激发学生强烈的学习欲望,学生通过阅读教材、查阅资料、实验操作、合作交流等学习活动,能够真正解决问题。要把问题导学贯穿导学案和课堂教学的始终。

④有科学性

有科学性就是指导学案设计的问题与学习过程的安排科学,既要符合学科性质和教学目标的要求,又要符合学生的认知规律,有一定的层次和梯度,做到循序渐进,循循善诱,使学生认识到,要解决教师设计的问题不看书不行,看书不仔细也不行,光看书不思考不行,思考不深不透也不行。

⑤有主导性

有主导性就是指导学案的设计,虽然强调突出学生的主体地位,但并不是放任自流,而是在教师主导下的有效学习,特别是注重对学习困难学生的指导和辅导,使每一个学生体验到成功的喜悦,让每一个学生学有所得,最大限度地调动学生的学习积极性,提高学生学习的自信心。

(7)导学案的编写误区

①编写教案化

教案的着眼点在于教师讲什么和如何讲,它是以教师为中心,强调的是"教";导学案的着眼点则在于学生"学什么"和"如何学",它是以学生为中心,强调的是"学"。编写导学案的过程本身就是一个探究的过程,导学案不是教案的翻版,也不是教案的条框详细化或浓缩化。

②编写习题化

有的老师在设计导学案时,只是把教材内容简单地编写成一个个的习题,甚至机械地照搬课本内容,认为这就是导学案。教师如果按这样的导学案进行教学,必定会造成学生去抄课本,死记硬背教学内容,简单机械地寻找答案,课堂教学要么成为师生对答案的过程,要么成为试卷讲评课。

③编写共性化

编写共性化就是指不顾学生实际,不顾学科特点,各个课时、各种课型的导学案千篇一律,一个模式。导学案编写应体现教师对学生的循循善诱,要让优等生看到挑战,中等生看到激励,学困生看到鼓励。要让每一个学生能参与并学有所得,从而提高学生学习的积极性和独立学习的自信心,使每一位学生都有一个积极健康的学习心态。决不能采取"一刀切""齐步走"的方法进行编写。

(8)怎样用好导学案

用好导学案,需做到以下几点:

①先学在前,强化检查;

②了解学情,以学定教;

③加强指导,落到实处;

④处理关系,提高效率;

⑤观念先行,狠抓落实。

(三)集体备课及编制试题

1. 集体备课

集体备课是指教师以教师团队为纽带,既有分工,又有合作,设计出既凸显教学共性与个性特色,又蕴含资源共享的生态教育理念的文案。

集体备课是在个人备课的基础上,同年级或不同年级(班数较少的学校)同学科的教师坐下来,对某一教学内容进行讨论研究,从多角度、多方面去想学生之所想,疑学生之所疑,共同解决教学中遇到的各种困惑的一种校本教研活动。

(1)集体备课的好处

集体备课的好处如下:

①有利于充分发挥集体智慧,做到知识共享。

②有利于准确把握教学的重难点,提高整体教学水平。

③有利于教研活动的开展。

④有利于省时、省力,提高工作效率。

⑤有利于资源共享,提高教学质量。

⑥有利于增进教师之间的相互了解,营造一种交流、合作、研究的学术气氛。

⑦有利于开发学校现有的教育资源,推广学校优秀教师的教学经验,缩短年轻教师的成长周期,节减学校培训经费。

(2)集体备课的任务

集体备课的任务如下:

①组织教师集体研读有关的教育教学理论、新课程标准和教材。

②分析学情,制订学科教学计划。

③分解备课任务。

④制定备课提纲。

⑤反馈课堂教学信息。

(3)如何开展集体备课

集体备课按以下方式开展:

①确定集体备课的组织形式及参加人员。

②集体备课的实施原则——"四定""七备""六统一"。

"四定":定时间、定地点、定内容、定中心发言人。

"七备":备思想、备教材、备学生、备教法、备学法、备教学手段、备教学过程。

"六统一":统一进度,统一目标,统一重难点,统一每一节课授课的共性内容,统一作业(课堂练习题和课后作业题,作业难度分三个层次),统一单元检测试题。

(4)集体备课的操作程序和基本流程

基本程序:个人初备,集体研讨,修正教案,课后反思,资料保存。

基本流程:确立课题—组内讨论—确定主备(讲)人(形成初案)—集体研讨(形成共案)—个性化设计(形成个案)—教学实践(跟踪)—课后反思—资料保存。

①个人初备

基本要求:脑中有标、腹中有书、目中有人、心中有法、胸中有案。具体要求如下:

A.备思想。

B.备教材:"八点备课法"——重点、难点、弱点、疑点、考点、易错点、易混点和盲点。

a.依据"全册备课—单元备课—课时备课"的思路,确定章节的重点、难点。

b.深入研究教材,创新教学手段。

c.考虑章节之间知识的过渡、衔接、拓展和深化。

d.问题的预设及设计意图

C.备学生:充分了解学情,以学生为本,站在学生的角度思考,以学生为出发点,备出切合学生发展需要的教案。

D.备教法:"教无定法,贵在得法。"

E.备学法:对学生要进行学法指导,包括预习法、指导法、设疑法等。

F.备教学手段:要详细列出教学手段,包括课前准备、课后巩固等。

G.备教学过程:a.引入;b.教学环节;c.问题的预设与问题的处理预案;d.总结;e.板书设计;f.练习设计(课堂和课后)。

②集体研讨

在集体研讨活动中,主备教师要提供给本组教师统一的教案,然后由主备教师(中心发言人)说课。说课要涵盖教学设计的每一个环节,主要包括以下内容:

A.说教学内容。

包括教材内容,教学目标,教材处理。

B.说学生。

a.分析学生知识能力水平,说学生在本章、本节、本课的知识积淀,以及学习本节课可能出现的知识障碍等及对策。

b.分析学生的心理、生理特点及根据其特点所采取的教学对策。

c.说教案的可适性。

C.说教法。

说本课选择何种教学方法,具体要做到以下几个方面:

a.要说出本节课所采用的最基本或最主要的教法。

b.要说出本节课所选择的教学方法、手段,无论以哪种教法为主,都是结合学校的设备条件以及教师本人的特长和学生实际而定。要注意实效,不要生搬硬套某一种教学方法,要注意多种方法的有机结合,提倡教学方法的百花齐放。

c.要说明教师的教法与学生应采用的学法之间的联系。

d.要重点说说突出重点、化解难点的方法。

D.说学法

说本课拟教给学生什么学习方法,培养哪些学习能力。具体要说清:

a.针对本节课程特点及教学目标,学生宜采用怎样的学习方法来学习,这种学法的特点怎样,如何在课堂上操作。

b.在本节课中,教师要做怎样的学法指导,怎样使学生在学习过程中达到会学,怎样在教学过程中恰到好处地融进学法指导。

c.学法指导包括课前指导、课中指导、课后指导。

E.说教学手段。

教学手段要有多样性、可选择性,要符合学校和学生实际,要有具体要求,如课前准备、学生资料收集等。

F.说教学过程。

说教学过程是说课的重点部分,要求做到:

a.说教学全程的总体结构设计,包括预习、教学、训练、复习的安排。

b.说教学环节的安排,包括如何引入新课、如何进行新课学习、如何巩固新课成效,以及如何过渡衔接。

c.说教学重点、难点的教法设计。

d.说板书的设计,包括板书的内容,在教学中的展开程序,板书与教学的关系。板书设计要有针对性、概括性、科学性、艺术性和实效性。

e.说作业设计:(a)说作业(练习)题设计的意图和目的。(b)说学生在作业中可能遇到的问题,力争在课堂教学中先期解决(预见性)。(c)说不同层次的作业及对不同学生的不同要求。

f.说教学反馈,要对教学过程做出动态性预测,考虑到可能发生的变化及其调整对策(预设与生成的处理)。

③修正教案

在集体备课中,中心发言人说课,教师们共同探讨、相互补充,使得教案内容更加充实、完善。但教案千万不能千篇一律,千人一面,没有创新,要做到:

A.每一位教师在集体备课中都应当积极参与讨论,发表自己的独到见解,集思广益。

B.每一位教师在集体备课的基础上,要根据自己的教学风格、不同的教学对象,自己对教学理论、教学方法、教学内容的理解,依据本班实际情况做适当调整,进行二次备课,使教案具有个性化特征。

C. 教案上要有圈点、修改、补充、拓展和教后反思等记录。

④课后反思

一个完整的备课过程应有五个阶段:准备阶段、分析阶段、创造阶段(编写教案)、提高阶段(二次备课,调整和修改教案)、总结反思阶段。

课后交流,就是对备课的总结阶段。备课组教师在集体备课的情况下授课,要进行交流,对教学进行反思,肯定优点,指出不足,以扬长避短,促进今后教学的进一步开展。

⑤资料保存

集体备课后应保存资料,供以后研究和参考。最好是在电脑上进行修改保存,形成集体备课校本资源库,真正实现校园备课资源共享。

(5)集体备课应注意的问题

①集体备课活动应遵循的原则

集体备课应遵循的原则:a. 合作性;b. 实效性;c. 研究性;d. 创新性;e. 统一性;f. 超前性;g. 完整性。

②集体备课时要树立的意识

集体备课教师应具有:a. 合作意识;b. 整体意识;c. 超前意识;d. 反思意识。

③集体备课要避免的现象

集体备课要避免四种现象:a. 集体备课成了"大杂烩";b. 集体备课成了"集体抄袭";c. 集体备课成了"一言堂";d. 集体备课成了"木偶戏",缺乏个性。

2. 编制试题

作为教师要做到"四会":会上课,会读书,会写文章,会命试题。这是教师的基本功,缺一不可。当教师就免不了要命题,但命"好题",并不是一件容易的事。不管是选题、改编题、整合题、自命题,都很考验教师的能力。

如何根据新课程理念,编制科学合理的高质量试卷,使考试更好地为教学服务,促进素质教育的开展,更好地培养中学生的学习能力呢?

(1)编制试题的一般方法

①制订详细的编题计划

在编制试卷前,应确定检测范围,如某单元、某学段,确定范围后要厘清知识点,以及该知识点的目标要求,形成试卷编制的基本内容。编题计划一般包括:a.明确要考查的知识内容。b.明确层次清楚、具体可测的教学目标。

②收集并编制试题

选择合适的试题形式和类型。根据考试涉及的学科知识的特点和题型的适用范围确定命题采用的题型种类。增强信息呈现的准确度、简洁性。试题的信息呈现方式应和学生的年龄水平、认知水平和生活经验相适应,要清楚地说明每一道题的解答要求,使所有的学生都能理解如何完成试题内容。

精心拟定题目、指导语。指导语一般应考虑学生的年龄水平、认知水平、考试经验以及试题的综合性、解题的复杂程度等因素。

科学合理编排试卷,要综合考虑试题的形式、要评价的学习结果、试题的难度、知识的特点来做出科学合理的安排。主要包括三点:a.确定试题数量。b.难度递增排序。c.试卷的排版。

③审查后写出参考答案,并制定评分标准

审查后写出参考答案:整体把控一下题量、难易、答题时间,对试卷做出修改,写出参考答案。

制定评分标准:考虑试题分值的分布、权重,如应用部分每大题分值多些;考虑开放题中学生答题后如何给分,如答到什么程度给多少分;考虑计算分数的方便性与合理性,如总分为 20 分,每空 2 分。

④注意合理的试题"四度"

注意合理的试题"四度",即信度、效度、难度和区分度。

信度指多次考试的结果一致性,是反映考试结果免受测量误差影响的程度,是衡量考试一致性的指标。

效度是反映考试实现其既定目标的成功程度,是衡量考试有效性的指标。

难度是衡量考试难易程度的指标,指试题对应试者实际水平的适合程度。难度值越大,通过率越高,试题越容易。

区分度是表示试题区分能力大小的指标,即对应试者水平差异的鉴别能力。区分度过小则试题太难,对学生后续学习的积极性和信心都会有不同程度的打击,区分度过大则试题太容易,可能使学生放松对学习深度的追求。不要设置过易或过难的考题,以确保一定的区分度和信度。

(2)编制试题要点

①确定考点

考哪些点(指知识点),是编制试题首先要考虑的最重要的问题,必须精心安排,不能随心所欲。应以教材为本,体现双基,不出偏题、怪题,要注意对主干知识的考查,不能无目的地"凑点"。不同的点根据其特点,可有不同的呈现方式,可以通过不同的题型进行考查,或考记忆,或考比较,或考运用,或考迁移,或考操作,或考创新……这样,所有该考的点,才能分出轻重缓急,不致因过多交叉而引起全卷考点比例失调。

试题既要从学生的实际出发,又要注意体现发展方向。好的试题能够启迪学生的智慧,提高学生分析解决问题的能力。试题应贴近学生的现实生活,注意与生活的联系,从学生的角度选择内容,从画面设计、语言设计方面引导学生答题。

②把握好尺度

尺度在这里主要指的是试题的难度,试题难度恰当,自然就有了正常的区分度。

难度要根据考试的性质确定。一般来说,平时检测性考试试题的难度应低于总结性考试的;水平考试试题的难度应低于选拔考试的。平时检测性考试试题难度的确定,还必须考虑到教学实际,遵循循序渐进的原则。

在正常情况下,一张试卷,如果有 30％以上的题目无人动笔,则这张试卷便应视为废卷;如果某道题只有 30％以下的人得分,则这道题便应视为废题。教师编制单元考试题、期中期末考试题,其难度不应过大,易、中、难题的比例一般可按 5：3：2 控制,学校不同,学科不同,可灵活掌握。理科比文科的难度通常会略大一些。

作为备考的适应性的试题,其难度会更大一些。难题绝不是偏题、怪题、"超标"题。难度应体现在综合运用上。容易题也不能理解为送分题,容易题也可以出得活与巧。

③选好题型

形式应为内容服务,题型必须有利于内容的考查。在频繁的考试实践中,出现了五花八门的考试题型,不少题型经过检验,得到师生的认同,可以根据需要进行梳理,灵活选用。

主、客观题型的比例要适当。主观题要有答题要求和答题指向。客观题,尤其是提供选项的客观题,题干文字要简洁,供选答案不能拼凑,错误选项也应有干扰作用,不要给人以"胡说八道"的感觉。

现在各学科教师都十分重视联系生活的拓展延伸题的编制,这种试题更应选好题型。题型不能过于死板,要给学生留下施展的空间。命题提倡题型的新、巧、活,但不主张玄、怪、偏。

④规范表述

题目的文字表述必须规范,要清楚、明了、简洁、准确。绝不允许使用含糊其辞、模棱两可的语言。有时,在容易出现误解的地方,还可标上着重号,以作强调。除了文字表述,符号和字号的使用也必须规范,前后统一。

⑤设计卷面

卷面力求字迹清晰、排版整齐美观。题目之间的距离要疏密有致,切忌排得松散或拥挤。绘图、表格要大小适中。答题处要留下足够的空间。题首要注明考试类别、科目、考试时限、卷面页数和总分;分题要标出题分;每页下边要标明页码。试题和答卷分开时,特别要对准题号。一道题最好不要转页排版。

(四)作业布置、批改及辅导

作业与教育活动的其他各个方面有着密切的关系。它既是教师教学活动的一个重要环节,又是学生学习过程中的一个重要组成部分。

学生的课前预习和课上听讲只能初步解决一个"懂"的问题,要真正达到"会用",使他们学习的知识形成技能,转化为分析问题和解决问题的能力,还必须通过复习、完成作业等实践活动才能实现。

作业是推动学生独立学习、培养恒心毅力、自我约束和快速进步的重要途径,也是教学过程中一个有机组成部分,是衡量学生学习水平的有效途径之一。

1. 作业布置

(1)作业的分类

第一种:预习作业。预习可以提高学生课上听讲的效率,是学生课堂学习的润滑剂。

第二种:课堂作业。课堂作业是教师传授知识后,学生及时掌握知识的强心剂。

第三种:课后作业。课后作业是课堂教学的继续,是教学活动的组成部分,是学生掌握教师所传授知识的催化剂。

（2）学生作业暴露出的常见问题

学生作业暴露出的常见问题如下：

①作业量过大，作业成为学生沉重的负担，学生很抵触。

②作业内容枯燥无趣，形式单调，统一任务多，自主选择少；知识巩固题多，应用实践题少；现成内容多，教师自编内容少。

③作业违背学生身心发展规律，为应付考试而训练，人为拔高。

④面对不同学生实行无差异的作业设计。

2. 作业布置事项

（1）布置作业的依据

布置作业的依据为课程标准及本课教学目标。

（2）布置作业的目的

布置作业的目的是使学生理解和掌握教师所教授的内容。

（3）布置作业的内容

布置作业的内容要紧扣教学要求，目的明确，有针对性。

（4）布置作业的形式

布置作业的形式多样，训练量要适当。

（5）布置作业的准备

①提前规划：有的需要专题强化，有的需要渐进渗透，有的需要间隔反复。

②有意渗透：作业有机渗透到教学中。

③亲自做题：教师自己做题，预计学生可能遇到的困难，准备辅导策略。

④加强研究：研究学生、教材、课程标准要求、考试情况。

⑤善于总结：及时归纳作业中的问题和错误，建立错题本。

（6）布置作业的注意事项

布置作业的注意事项如下：

①作业量要适中，安排合理。

②避免盲目作业、机械作业、重复作业、枯燥作业。作业内容具有目的性、选择性、实用性。

③作业要求具体明确,形式灵活多样。

④布置分层作业,为学生提供选择的机会。

⑤布置针对性作业,有的放矢。根据内容重难点、学生薄弱点、班级学生特点有针对性地布置作业,内容合理、分量适中、要求明确、难度适宜。

（7）作业本要求

每学科根据学科特点,对学生做好规范要求。

用笔：一律用钢笔或黑色签字笔书写,一张纸上书写颜色要统一。

书写：字迹工整、清楚；注明作业题号,错题要更正。

格式：作业本封面规范整洁,校名、科目、班级、姓名等填写完整；各科书面作业格式要符合各学科作业规范。

3. 作业批改

（1）作业批改的作用

作业批改的作用如下：

①检测反馈学生知识的掌握情况。

②培养学生良好的学习习惯。

③交流师生情感,指导学习方法。

（2）总体要求

作业批改总体要求如下：

①教师批改作业要及时、正确,批注提倡运用评语加等级,尽可能让学生及时获得作业的反馈信息。

②作业本作业必须全批全改,家庭作业批改面应不低于80%,严禁只布置作业不批改作业的现象。

③教师批改作业要与学生自主评价、自主订正作业结合起来,作

业中反映出的普遍性问题,要及时分析原因并进行评讲。同时,要通过学生作业反馈的信息,及时调节教学进程,调整教学行为。

④批改作业所使用的符号应当规范统一,字迹工整。

(3)作业本批改要求

作业本批改要求如下:

①批改符号要统一。对的打"√",错的打"×",打钩要规范,要打在解答的结尾,尽量不影响阅读。

②作业中的错处,可适当画出来。画圈或画横线要规范,一目了然,便于学生发现和改正错误,杜绝在同一地方反复圈画涂改。

③一页上的作业逐题批阅,严禁在整面作业上只打一两个大钩的粗放型批改方式。

④作业中错题必须有改错的痕迹。建议在本次作业的后面改错,改正后的作业要及时批改,正确的打"√"即可。

⑤评分采用等级制。批注一定的评语,评语要有针对性、指导性、启发性、鼓励性。

⑥每次作业必须标注批改日期。

⑦及时做好作业批改记录。

4. 作业讲评

讲评作业是日常教学工作的一个重要环节。它是通过师生的双边活动共同完成的,主要分为当面讲评、专项讲评、归类讲评、共性讲评、拾遗补漏讲评、质疑问难讲评。它既要衡量、分析和评定学生理解和掌握的基础知识,又要衡量、分析和评定学生达到的能力水平。

5. 学生辅导

每个学生都有自己的特点。学生在成长的过程中,由于多种先天因素的影响和后天因素的制约,学生个体发展存在这样或那样的差异,比如智力的高低、能力的高低、社会交际能力的强弱等。在学习中同样存在着这样的现象,这也造成学生在学习上有不同的发展。作为一名教师,正确地认识到学生的个别差异,并去正确对待,促进学生的全面发展,是教学工作的一个重要环节。

学生根据实际情况一般可以分为:尖子生、中等生、学困生。

尖子生:学习有法,智力相对较高,成绩较稳定的学生。

中等生:在班级中占多数,他们的智力较好,但是没有好的学习习惯。自我监控能力稍弱,但是有塑造的潜能。

学困生:不认真学习,不能够完成学习任务。逆反心理较强,学习习惯不好。

学生特点不同,辅导策略不同。

（1）尖子生辅导

①非智力因素的培养

a.学习动机:结合学生的实际,以"学习改变命运"为载体,积极引导建立良好的学习心态。

b.磨炼意志:学习过程中不可能一帆风顺,很多尖子生的心理素质不好。在教学中可经常安排适度的练习题,让他们独立解决,要从思想上加以指导,提高他们的抗压能力。

c.良好的习惯:可以指导学生制订学习计划,如何听课,如何分析问题,如何记忆,在教学过程中指导学生书写解题步骤,规范解题过程。

②能力培养

能力包括观察力、记忆力、思维力、想象力、注意力及表达能力。可以采用分层教学的方法辅导尖子生。

a.课堂教学分层。教学过程中教师要精心设计提问,将有一定难度的问题留给尖子生,让他们说一说、讲一讲。

b.作业分层。在共同提高的基础上,每次布置作业时可以给尖子生留有一定难度的题目。

c.课下对尖子生集中辅导,适当拔高。

（2）中等生辅导

可以采取以下方法对中等生进行辅导：

①树立目标，严格要求，指出他们的不足之处，采取有效措施，促使其更快地进步。

②充分调动他们的积极性，鼓励他们上课积极发言，开发智力。

③设鼓励奖，使其能真正感受到成功的喜悦。

④利用课余时间帮助他们，鼓励学生问问题，课下加强对其答疑解惑。

⑤让他们积极参加各项活动。

⑥充分利用课外时间，让他们进行练习。了解练习情况，少批评多表扬，激发他们的求知欲。

（3）学困生辅导

可以采取以下方法对学困生进行辅导：

①坚持以课堂辅导为主，在课堂上多提问多帮助。每个教学环节都要兼顾学习有困难的学生，给予及时的指导与帮助。

②课堂练习时针对学生的不同情况，抓住重点、难点，采取小组指导和个别指导结合的方式进行辅导。

③要给予尊重、信任，建立融洽的师生关系，激励他们上进。

④要实施"一帮一"措施，让尖子生在课余空闲时间给予学困生辅导帮助。

⑤教师在课余时间也要对学困生进行辅导，抓住最佳辅导时机。

（4）早读辅导

①强化管理

教师要准时进入教室组织学生进行早读。教师要在教室内巡视辅导，指导学生高效率地进行早读，杜绝学生不出声、做作业、做小动作、睡觉、随便讲话等不良现象；加强检查监督，保证早读课的出勤人数和秩序。

②明确目标

早读课最主要的任务是朗读与背诵,那么读什么、背什么、完成多少任务,都要在读之前确立。

③加强检查

如果安排了早读的目标、任务,就需要检查。同学之间互相检查,老师抽查。对没有完成早读任务的同学则约定时间再次检查,直到完成任务为止。

④创新形式

早读时间较长,可以创新早读的形式,让学生保持兴奋感。

(5)课外辅导注意事项

课外辅导注意事项如下:

①课外辅导主要是培优帮困工作,辅导学生要因材施教,要结合本学科教材,进行知识的巩固与延伸辅导,做到盯得紧、盘得活、补得齐。

②课下时间有限,辅导要精简、精准,提前充分准备。

③对辅导材料要充分了解,内容要合理安排。

④对辅导对象要充分了解,了解实际情况。

(五)精致教学实施方案

教学质量永远是学校的生命线。为进一步加强教学管理,切实提高教学管理水平,推进教育教学改革,创新和完善教学管理运行机制,全面提高教育教学质量,结合学校工作计划和目标,制定本工作方案。

1. 指导思想

实施教育"十三五"规划,建设城区优质学校,实施高品质的教育,培养有素养的学生,提升学校精致教学水平,以构建高效课堂为中心,以教学过程管理的精细化为手段,牢固树立质量意识,积极探索提高教学质量的途径和方法,多措并举,逐步构建现代化、规范化的有效教学体制。

2. 工作目标

以现代教育教学管理理念为指导,以全面提升教学质量为出发点,高起点推进,高质量实施,通过采取推进阳光课堂教学模式等 12 项教育教学管理措施,实现精致教学一步到位。

3. 工作措施

(1)全面推进"快乐、高效"阳光课堂教学模式。课堂教学实施"5542"模式,即"五个步骤""五条基本原则""四个关键字""两个落脚点"。

(2)推动"课堂学习小组"建设。每班根据学生学习能力、性格特点组成 6~8 个学习小组,学习小组成员互帮互学,以优帮差,使每个学生都成为课堂的主人。

(3)对学生知识实行"三清"制度,即"堂堂清""日日清""周周清"。每周四晚上继续开展"周周清"活动,要取得家长的大力支持和配合,学校要加强对级部、班级的过程管理和指导,避免形式主义,力争做到结果真实、高效。

(4)实施备课组先周集体备课制及考核捆绑制。在七年级语文、数学、英语三科中探索导学案的设计、应用。先周集体备课活动定时间、定地点、定主讲人、定研讨内容,增强团队意识。

(5)关注优生的发展,注重对临界生实施提升补差措施。建立优生、临界生跟踪档案,关注学生的发展变化。实施"学科振兴计划",针对部分学生偏科现象,学校安排专门人员为学生补习。

(6)注重学生学习习惯、学习方法的培养。提升学生学习能力,制定提前学习方案。

(7)实行"学情分析"制度。做好大型考试质量检测分析,分析、跟踪每个学生的成绩变化。

（8）提升全体教师业务能力，制定教师个性专业发展规划。积极拓宽教师视野，多方组织和鼓励教师参加省、市、区级业务培训及评课活动。加强校内校本教学研究，推动教师专业成长，精心为教师设置业务理论学习内容。鼓励教师积极参加市区级优质课、公开课等学科比赛活动，力争三年之内30％的教师获得校、区、市级骨干教师、教学能手等荣誉称号。

（9）切实加强教学常规管理。完善教学常规考核方案，建立过程评价机制，逐步形成以优化教学常规、引领教师成长为导向的评价制度。

（10）注重对青年教师的培养。制定青年教师培养方案，走进每一位青年教师课堂；引导新教师借力专家指导，参与同伴互助，结合自我反思，提升专业素养。助推青年教师迅速成长。

（11）以课题研究为引领，打造学校卓越课程。立足学校内涵发展和学生实际，着力进行国家课程校本化课题的研究和实施。以培养学生阅读素养、科技素养与艺体素养为重点，通过开展多种综合实践与素质教育活动，多样化建设拓展性课程，丰富办学内涵，形成学校特色课程。

（12）制定实施毕业年级教学质量全过程管理体系，推进中考备考重点工作。加强对毕业年级教学过程的管理，关注在校学习、辅导策略、过程测试及分析策略。提早进行体育、信息、理化生实验、音乐、美术等学科的备考，力争学生不失分、少失分。

4.具体工作及措施

（1）聚焦教学研究，实施有效教研，提高教研水平

①教导处要组织教研组不断加强课堂教学研究，全面推进"快乐、高效"阳光课堂活动，初步形成适合我校实际和不同学科特点的教学模式。根据我校《阳光（快乐高效）课堂的策略与方法》，我校课堂教学实施"5542"模式，即"五个步骤""五条基本原则""四个关键字""两个落脚点"。五个步骤分别是：温故知新—导学释疑—巩固提

升—检测反馈—拓展延伸。五条基本原则是:尽量减少教师讲课时间的原则;增加学生动笔时间的原则;所有学生都参与课堂的原则;立即落实、反复落实的原则;科学评价贯穿整个教学过程的原则。四个关键字是:评、学、点、讲。两个落脚点是:一是愿学,解决学生学习动力问题,把"要我学"变成"我要学";二是学会,解决学生知识落实问题,力争高分和满分。

具体操作办法如下:a. 通过推行公开课、示范课、汇报课等教研活动,实现同学科教师人人参与、相互切磋、相互学习的新教学模式。b. 定期举行中青年教师讲课比赛、磨课等系列活动,开展阳光课堂与现代教学技艺研究,提升教师的课堂教学技艺。c. 听课过程中使用"课堂教学评价量化表",从不同维度观察教师的课堂是否符合我校"快乐、高效"阳光课堂教学模式。d. 教导处认真组织好每一次讲课后的评课活动,在肯定优点的同时,重点指出不足。讲课教师进一步做好反思与整改。

学校逐步培养校级学科带头人、校级教学能手,努力打造一支优秀教师队伍,在区内各学科优质课评选中力争获一等奖,争取我校市区学科带头人、教学能手数量有所增加。

②探索先周集体备课及导学案的设计、应用。从七年级语文、数学、英语三科入手,探索先周集体备课与导学案的设计。先周集体备课活动定时间、定地点、定主讲人、定研讨内容。为保障先周集体备课有效实施,我们制定了《关于集体备课的规定》《集体备课流程》等规章制度。通过每周固定两节课的时间,全备课组参与,组织交流讨论,采用最佳方案,形成集体备课教案;其他同备课组的教师进行修订补充完善,教师在完善好的教案基础上实施个性化教学。

学校要建立由校领导、教导处、教研组长组成的备课督查小组,负责各学科教案检查。期待通过一段时间的探索,在全校各学科备课组都能落实先周集体备课活动。

(2)关注每一位学生的全面发展,培养学生良好的学习习惯,实

施教学全过程管理,全面提高教学质量

学校以学业水平考试为抓手,确保毕业生学业考试成绩有较大提高,努力提升合格率及优秀率。七、八年级以培养学生自主学习能力和良好的学习习惯作为实现有效学习的突破口,重在学生分化期的学习引导,不让一个学生掉队。

(3)实施教师专业成长工程,促进教师专业发展

①提升全体教师业务能力,制定教师个性专业发展规划

教师是最大的资源,没有教师的成长也就没有学校的发展,学校将教师专业发展列为学校重要工作,制定《学校教师专业发展三年规划》。

学校实施"构建学习型组织,加快教师专业成长"教师读书工程。在教师中全面开展"五个一"活动:即教师每周写一篇教学反思,每月写一篇教学案例,每学期研读一本教育教学专著,写一篇读书心得,每学年写一篇教学教研论文。

②注重对青年教师的培养

学校制定青年教师培养方案,走进每一位青年教师的课堂;引导新教师借力专家指导,参与同伴互助,结合自我反思,提升专业素养。助推青年教师迅速成长。

③加强骨干教师队伍的建设,走名师立校之路

a.建立健全教学能手管理、考核机制。加强对教学能手的管理和使用,加强培训,让他们勇担重任。

b.强化各级教学能手的选拔培养,打造一支市、区、校三级骨干教师队伍。要求每一位教学能手、学科带头人承担教研教改课题。力求做到"三有":日常中有反思,征文中有获奖,报刊上有发表。

(4)落实教学常规,实施有效教学管理

学校加强教学常规管理,引导教师自觉遵守"学校教学一日常规"。完善教学常规考核方案,建立过程评价机制,逐步形成以优化教学常规、引领教师成长为导向的评价制度。

①加大教学检查力度。业务检查实行集中检查与随机抽样相结

合,每学期进行 2～3 次集中检查所有学科的备课、作业情况,并对检查情况及时总结通报,并开展优秀教案评比活动,树立典型,提高备课质量,增强课堂实效性。

②开展"四个有效"活动,即有效备课、有效上课、有效批改作业、有效听评课。

(5)打造学校卓越课程

①立足学校内涵发展和学生实际,着力进行国家课程校本化课题的研究和实施。以课题研究为引领,以培养学生阅读素养、科技素养与艺体素养为重点,通过开展多种综合实践与素质教育活动,多样化建设拓展性课程,丰富办学内涵,形成学校特色课程。

②开展"小课题"研究。针对新课程改革实施过程中所遇到的问题,以备课组或教研组为单位开展"小课题"研究,选题要有针对性,量力而行。要求备课组长要做课题主持人,积极指导参与课题研究,力求把新课程改革引向深入。

③科学规划、合理安排综合实践活动课、地方课程、校本课程。初步建立起科学规范的校本课程开发、实施与评价模式。

5. 评价的组织领导

组长:校长周扬合。负责评价的全面工作,审定评价方案,部署评价工作,在实践中不断完善评价方案。

副组长:副校长徐崇梅。协助校长做好评价工作,负责评价方案的制定,按校长意见修订方案,落实评价工作。

成员:教导主任、教科室主任、级部主任、教研组长。负责评价的具体工作。

六、现代管理策略

（一）关于提高教育干部工作效能、树立卓越形象的意见

为了提高工作效能，树立良好形象，实现学校优质快速发展，根据学校研究，对教育干部提出以下工作要求：

1. 内强素质，做专家型教育干部

（1）认真主动学习国家、省、市、区关于学校工作的政策文件和各方面会议要求及规定，做本职工作中的专家，全局工作中的行家。心中要有全局，目光要前瞻，行动要领先。

（2）掌握学校工作实际情况，做到清清楚楚、明明白白。制定规章制度要符合政策要求，要与实际相结合，提升工作效能。

2. 外树形象，做服务型教育干部

（1）对学校上级交办的工作，要领会精神，采取措施，按时完成。在执行中如遇要求改变、情况不符、工作困难等，应主动想办法解决。如自身不能解决，一定要在第一时间向上级汇报，切勿拖延。不准出现时间已到完不成任务时再提困难的情况。工作要精准高效。完成工作后，要以简短便捷形式回复上级。

（2）对区、市上级交办的工作，汇报主管领导后，做到提前准确、优质完成工作。工作完成待主管领导审核同意后上报。严格实行提

前完成工作制,即半天应完成的工作提前一小时上报,一天应完成的工作提前两小时上报,头一天安排的工作提前半天上报,两天以前安排的工作提前一天上报。

(3)对自己工作职责内的工作,全面负责,"领先一步,科学决策,精心设计,落实到位,效果明显""做一事,成一事,亮一事"。安排工作时精心、细心,时间、地点、人物、内容、标准、流程六要素明确,按照"落实工作十六法",主动高质量开展工作。做好指导服务,精心布置工作,工作进行中跟进指导,盯住工作中的困难,抓好落实,工作完成后反思总结。

3. 团结奋进,做智慧型教育干部

(1)在任何工作中应实事求是,做到格物致知,静心工作、潜心研究。牢固树立大局意识、纪律观念,不断提高政治站位。以工作论成绩,用工作凝聚团结教师,时刻发挥正能量,严格保密纪律,杜绝散布小消息,不准在教师中非议他人。工作中主动服务,主动配合,互相弥补,互相激励肯定。

(2)工作中以身作则,率先垂范。温和而坚强地实施管理,从不盛气凌人,更不退缩妥协,科学艺术地推进工作,适时采用"四步工作法""提醒、督办制"。

(3)工作中"比方法、比落实、比有效",立足本职,养成重要事项提前形成方案的习惯,讲成本,重效率。形成自己的工作特色,崇尚一流,追求卓越。

4. 强化纪律,做实干型教育干部

(1)外部接待。对于上级视察检查、举办活动、外校参观等,由相关处室和分管领导制订预案,报办公室总体协调,制定方案,由分管校长确定方案,总体布置实施。

(2)上级来文。处室接到上级通知,立即通报办公室(必须报

备),汇报分管领导。分管校长全面负责。视情况自行决定是否有必要向校长通报。办公室接到处室报备,以及上级来文及电话时,按照办文流程办理。即接文→办公室主任拟办→校长阅办→分管校长批办→责任处室主办。

(3)对于上报的材料。上报前一律由分管校长审核后方可上报。要留好备份,重要上报材料报办公室存档。做到规范准确,前后一致。

(4)内部大型工作。需要不同处室参与的工作,由主办处室拟定方案,由分管校长组织协调。需要主要领导参与的,提前做好通知和准备工作。

(5)后勤服务工作。严格规范实施重大事项集体研究,严格规范先审批后购买,严格规范招标、验收程序,严格规范出入库手续,严格规范固定资产管理调配手续。厉行节约,制止浪费,集中财力,促进学校发展提升。

(6)对接分工。对上级职能部门,要多请教、多沟通,建立顺畅的工作关系,寻求支持。工作争创全区、全市一流水平。

(二)管 理 之 要

管理最基本的是知道要干哪些事,怎么去干这些事。稍高的层次是:在落实常规中不断优化常规,常规做到极致就是创新。

领先一步,科学决策,精心设计,落实到位,效果明显。这二十字既是管理的策略、思路,又是管理工作的程序和方法。

精细化管理要达到一个全面细致的程度,就要把每学期每天的工作都列出具体的条目,把总体目标分解到底。每一项工作都要确定时间、地点、人物、方法,并整理出工作重点。

每一个管理者要牢记四个字:规划、把关。

进行管理,落实工作要的是效果,讲求有效性。落实就是解决问题。实效是检验管理工作的唯一尺度。

管理要去浮去虚,把握好三点:管理要考虑全面性,管理要到位,管理要注重方式方法。

管理要考虑成本,要追求效率、效果。管理者多用心,规划好,可以让下属少费很多力。将帅无能,会累死三军,更会打败仗。

以下十条,是管理者必须避免的,不然会成为管理的庸才。

(1)缺乏督导。管理工作的流程包括计划、实施、检查、反馈、总结提高等环节。布置、安排仅是管理的起始。最重要的环节应是检查、督导。检查中的考核应是关键。

(2)以苦劳代功劳。管理看的是结果,计的是成本。劳而无功,反而对整体工作不利。

(3)缺少全面规划。有时规划就是列台账。一张纸、一支笔,列出应具体干哪些事,工作就会有条理。

(4)不问效果。要从管理达到的目的效果,倒推设计工作的措施和方法,而不是先干事再等待结果的达成。

(5)工作对象不明确。哪怕是一点小事,也要思考这工作由谁去完成最合适,要找到具体负责人去落实。

(6)思路不清晰,方法不对。方法、思路也是一种生产力。一个好方法事半功倍,一个笨措施事倍功半。

(7)不能区分事情的种类。事情一来,要区分轻重缓急。面对问题的发生,要弄清偶然、苗头、个别、全体、部分之分。不同事情要采取不同处理方式,不能用一种工作方法去解决所有问题。

(8)不去全面调查研究,想当然。要知微识全。在工作中不犯错误的前提条件就是把实际情况了解清楚。没有调查就没有发言权,没有研究就不能"拍拍脑袋"做决定。

(9)工作不深入、不创新。在完成 80% 的工作后,需要再付出 20% 的努力,再往深处想一下,再创新一下,这样才能顺利达成目标。

（10）不善于决策，不想解决问题的办法。思路决定出路，困难就是机遇，问题就是办法。要取得成功，往往解决掉最后一个问题，就柳暗花明了。很多人不成功是因为在克服了99％的困难后被最后一点困难拦住了，功败垂成。

管理是一门科学，也是一门艺术，管理更需脚踏实地去做。

管理靠的是真实的才干，才干是历练出来的。学习学习再学习，实践实践再实践是唯一途径。

（三）规范办学求实效，精益管理促发展

为了提高学校办学水平，我们一直在思考，也一直在努力。路在何方？前进的动力需要一种精神，需要一种共同的价值取向，更需要一种披坚执锐的勇气与担当。在区教体局的正确领导下，我校严格落实上级各项方针政策，实施现代优质学校六大工程，建立现代优质学校管理体系，向现代化优质学校迈进。

1. 建立现代学校管理体系，实施精细化管理

（1）建立科学规范高效的管理运行机制。

①学校任何工作都标准化、流程化，全面进行面向未来的现代学校管理制度变革，转变学校行政管理方式，转变处室职能，做到全面又精准，提高精益化管理效能。

②任何工作都从计划、实施、检查、反馈到总结进行闭环管理。切实做到"早计划，早落实，早总结"，狠抓落实，构建整洁有序的工作环境和规范高效的工作机制，培养师生良好的行为习惯。

③任何事情都做到时间、地点、人物、标准、内容、效果六要素到位。领导干部"比落实，比方法，比有效"，全体教师"比学习，比研究，比成绩"。

（2）建立基于学情分析的年级管理项目制，全面推进阳光高效课

堂合作学习小组制度及"小先生制",实现由管理变学术,由问题变研究,把握学情,为学生发展营造优良的教育生态环境。

分管校长:主抓年级整体工作全面落实,深入研究合作学习小组并不断推进实施。每个年级建立四个项目组、一个导师团。

教师专业发展项目组:年级主任统筹负责,全面培训教师落实合作学习小组方案,落实日常检查和督促。

学生自主学习项目组:负责指导学生会和值日班长,利用课间操、周会、晨会等平台实现学生自主管理。

学生合作学习项目组:负责各班级合作学习小组的建构完成及推进实施,培优补差,培养各班级"小先生",起到模范引领作用。

学生自主发展项目组:培养各班课代表,协助任课老师,领取课堂目标任务单,收交班级作业并进行情况反馈。项目组整体监测班级作业完成情况及实效性。

年级导师团:由分管校长、年级主任、项目负责人、教学水平高的部分骨干教师构成,形成凝心聚力的积极向上的状态。

(3)大力实施精益管理,实施温馨提示与督办单相结合的工作督办机制。

(4)全面实施学生素养评价,培养学生责任担当。开展每周一句名言,每月一本名著,每月一次面向社会前沿、面向世界的专题报告,每周梦想宣言,每周共唱一首歌等活动。实现德育工作课程化、德育活动系列化,引进电影课程、家长社会课程;精心打造课间操、上下学路队、升旗仪式等学生日常行为的八张名片。利用大数据,进行德育和评价的结合。

2. 规范办学行为,提高教育质量

我们提出了"三个一":认真研究备好每一节课,认真上好每一堂课,认真批改好每一次作业。

（1）规范课业减负工作

学校制定《日照市东港区海曲中学关于减轻学生过重课业负担的实施方案》和《日照市东港区海曲中学关于减轻学生过重课业负担的措施》，组织对学生课业负担进行全面性、常态性的调研、指导、监控、评价，将学校课业减负工作成效纳入到"全面实施素质教育综合督导评价""年度学校绩效评价"等工作中。

（2）控制学生作业量

学校根据市、区教育局的文件精神，结合我校工作实际，坚决落实好以下工作：

①规范课程开设

学校严格执行国家和省有关课程设置要求，确保开齐、开足课程，不随意增减课时。

②严格控制学生作业量

学校设立自主发展项目组，在教导处统一领导下，负责各年级作业布置和检查的监控、管理和评价。及时了解学生学情，及时反馈教学效果，改进学科的作业布置内容和形式，提高作业的科学性和有效性。

利用合作学习小组，分层次检查，每周一检查周末各科作业，每周三检查常规作业。科学设计作业，关注学生的个体差异，增强作业的层次性、适应性和可选择性，满足学生的不同需求，鼓励学生自己设计作业。提倡分层布置作业或布置弹性作业。布置给学生做的作业教师必须先做。作业应当堂布置，禁止以微信、钉钉等方式布置作业。

作业处理做到"四有四必"，即有发必收，有收必批，有批必评，有评必透，做到反馈及时，订正严格，评讲到位。规范作业批改，坚持谁布置谁批改，谁布置谁检查。严禁让家长或学生代批、代改。

（3）科学安排作息时间

学校科学设计教学活动时间，每天上午、下午各进行半小时的体育活动,充分保证学生课余休息时间及自主活动时间,保证学生每天不少于 9 小时的睡眠时间。学校通过家长会、告知书等方式将课程计划及作息时间向家长和学生公布,提高家长对学校办学的参与度。

(4)严格规范日常考试

学校加强考试管理,深化评价研究,严格控制考试的难度、次数及方式。学科每个单元可进行一次测验,期中和期末考试由学校命题并组织进行。探索实施等级加评语的评价方式,学科单元测试实行无分数评价。

(5)规范教师假期行为

学校每学期与本校教职工签订"自觉抵制有偿补课责任书",严禁本校教职工组织或参与有偿补课,严禁本校教职工引导学生参加校外文化课补习班。

(6)严格教辅资料管理

学校依据市教育局确定的推荐教辅材料名录,按照自愿购买原则组织学生选用。严禁学校和教师向学生推荐或推销任何教辅材料。

建校以来,学校没有接到过一次家长对规范办学的投诉,学校也没有任何一位教师存在违规行为。

3. 办家长满意的教育

(1)学校成立家委会,设立家长开放日,定期召开家长会;制定《海曲中学班主任老师家访活动方案》,要求班主任、科任教师全员参与,分社区、分村庄进行家访。

(2)学校确立了"以课堂为核心,以先周集体备课为先导,以合作学习小组建设为重点"的工作思路,面向全体学生,关注学困学生,全面提高教学质量,做好知识"三清"工作,即"堂堂清""日日清""周周清",深受广大家长的认可与欢迎。

4. 乘课后服务东风，展孩子成长羽翼

（1）提高认识，提高站位

开展课后服务和中午配餐工作，是顺应民生需求，增强人民群众获得感的重要工作，我们一定要站在讲大局、讲政治的角度，按照区教体局的要求，切实把这项工作做好。

海曲中学在区教体局的领导安排下，强化担当意识和责任意识，增强课后服务能力，让学生开心，让家长安心。

（2）科学组织，精准实施

学校根据现有的场地、设施和师资等，结合学校学生社团活动开展情况，确定能够提供的课后服务项目。在实施课后服务过程中开放学校图书馆、体育训练场、艺术教室、创新实验室、心理辅导室等场所，开展课后阅读、手工制作、体育、器乐、美术、书法、电脑编程、机器人、播音主持、师生个别交流等活动，对个别学习有困难的学生给予辅导帮助等，丰富学生的课内和课外生活。学校通过网站、公众号、宣传栏、一封信等形式，将学校开展课后服务的做法广泛告知家长。

学校总结经验，博采众长，广泛学习，使服务项目更优化，服务要求更具体。

早读服务：以语文、英语学科为主，其他学科为辅，学生针对基础知识、重点知识进行朗读背诵。服务教师提前一天设计好早读任务交给早读课代表，课代表提前将早读任务规范抄写在黑板上。服务教师对必读必背内容进行领读，或对早读知识进行简要梳理和指导，促使全体学生尽快投入读书状态，在理解的基础上，自行背诵记忆。

中午服务：根据作息时间灵活调整，在保证学生充分休息的同时开展有针对性的小练习、小活动，如引导学生自主练字，数学课代表带领同学们每日进行 10 分钟的计算练习，"小先生"上讲台讲题。

下午服务：分层文化辅导与音乐、美术、舞蹈、信息、体育学科兴

趣小组活动交替进行。本学期开设了基于学科特点的32门课程,有2180名学生、143位教师参加。

①文化辅导

对学生实行分层教学,同科教师先选择分层班级,学校根据实际情况进行安排。我们在七年级开设数学、英语,八年级开设生物、地理,九年级开设物理、化学实验探究等分层趣味班级。基于学情的分层教学走班制,是学校的课改方向,先行探索收到了意想不到的效果。

②各类兴趣小组辅导

学校各兴趣小组任课教师自主制订辅导计划、开发校本课程、确定学生选修内容、制定方案,吸引学生报名参加社团活动。

本着尊重学生个性差异、培养学生兴趣爱好的原则,让学生自己选择兴趣小组项目并告知家长。这样也为学校发现人才、培养参加各级比赛的人才做好日常训练准备。

到目前为止,我们学校共开设了声乐、舞蹈、戏剧、书法、绘画、剪纸、田径、羽毛球、乒乓球、篮球、排球、机器人、阅读等32个课后服务课程。课后服务动静结合,每个孩子都能选择自己感兴趣的课程。

(3)健全机制,保证效果

①建立长效的课后服务保障体系。实行值日校长制,每天由一名班子成员带领一个小组,对学校日常工作、课后服务等进行检查督导,保障学校工作顺利开展。

②完善安全管理制度。明确责任,加强对师生安全卫生意识教育;强化活动场所安全检查,制定并落实严格的考勤、监管、交接班制度和应急预案措施。学校争取综合治理、公安、卫生、食药监督等部门的协调配合,切实消除交通、消防、食品卫生等方面的隐患,切实保障参加课后服务活动学生的安全。

③完善工作管理制度。积极创新工作机制和方法,规范课后服

务行为,纳入学校教学管理;统筹校内校外资源,开发学校课后服务课程,积极探索形成各具特色的课后服务工作模式。

④完善工作考评机制。根据学校绩效考核办法,体现学生和家长对课后服务的评价权重,将管理人员、教师参与课后服务工作纳入绩效考核范围。

(四)建设精益管理文化,实现学校发展跨越

学校文化是学校品牌的生命、教育理念的精髓、学校形象的内核、教育品质的基础。

在学校文化建设中,我们的选择是:建设精益管理文化,实现学校发展跨越。

在学校由散到治、由弱到强、由落后到先进的过程必然要靠管理的力量。但管理也是一把双刃剑,加强管理的过程也是一个积累矛盾的过程。我们实施温和而坚强的管理策略:工作态度温暖和煦,工作要求坚定不移。

1. 重塑精神,营造氛围,构建学校文化理念系统

办学办的就是一种氛围,良好的工作氛围也是一种优质的教育资源。学校校训为"海纳百川,曲全行远";学校校风为"美由心生,礼行于外";学校的形象口号为"人文海曲、青春校园、现代教育、阳光学子"。

学校使命:振兴西城区初中教育。

学校愿景:建设现代优质学校,实施高品质的教育,培养高素养的学生。

办学理念:培养有梦想追求的阳光少年。

我们以学校文化理念系统奠定管理实践的基础,形成稳定的思想意识、价值取向,塑造学校的精神面貌,形成学校的内聚力和发展

内涵。

学校工作思路:实现四个"一步到位",达到一个"目标",展现"六大"特色。

四个"一步到位"为:①高标准建设,高标准配置,学校建设一步到位;②高目标要求,高水平提升,精益管理一步到位;③高起点推进,高质量实施,精致教学一步到位;④高品位要求,高品质规划,文化建设一步到位。

一个"目标"为:建立现代优质学校,建设城区优质学校,实施高品质的教育,培养高素养的学生。

六大"特色"为:诗文校园,数字校园,文明校园,美丽教师,卓越课程,阳光学子。

2. 知行合一,人文化成,构建学校行为文化系统

学校制定了管理程序及标准,从一点一滴做起,积淀学校文化。主要工作包括:

①全面推进快乐高效阳光课堂教学模式。

②推动课堂学习小组建设。

③实施先周集体备课。

④培养学生学习能力。

⑤加强青年教师培养。

3. 精心进行学校文化建设

(1)高标准环境文化建设

学校高标准规划学校环境建设,把诗文校园、数字校园有机结合起来,形成既有深厚历史文化积淀,又极具现代特点的外部环境。教学楼大厅展示有学生青春梦想宣言、海曲历史的沿革、学校办学理念、学校办学辉煌业绩和优秀教师的事迹等内容,学校橱窗重点宣传海曲文化、阳光之城、美丽日照、文明校园等方面的内容,这些构成了

丰富多彩的校园文化长廊。

（2）高品质班级文化建设

班级文化是校园文化的重要组成部分，是班风、学风建设的主要载体。学校将班级文化建设作为校园文化建设的重点工作，出台了"海曲中学班级文化建设实施方案"，提出了创建班级文化名片活动，开展了一系列的班级文化建设大赛。全校 24 个班在学校的统一规划下，从班级静态文化和班级动态文化两方面入手，进行了以设计班名、班训、班规、班歌，建立图书角、绿植角为内容的班级静态文化建设，开展组建合作学习小组、体育艺术活动小组等班级动态文化建设，把学校文化建设落实到班级文化建设，通过班级日常活动，达到以文化人、润物无声的效果。

（3）高品位学校标识文化设计

学校立足学校文化实际，精心设计校徽、校歌、校旗；通过楼名、路名、校牌的标识，校服、信笺的设计，形成独特的学校文化标识系统。

学校的精益管理文化潜移默化地影响师生的行为和精神风貌，使学校焕发出勃勃生机，实现跨越性发展。

（五）浅述工作、成绩与能力

工作与干多少事无关，完成是目的。成绩与辛苦和忙累无关，结果是标准。

很多人在表述成绩的时候，往往会说自己多么劳累，付出多少汗水。成绩的取得，离不开辛苦的付出。辛苦的付出就一定会取得好的成绩吗？成绩是一种客观事实，是一种结果。

成绩的取得有很多途径：一是运筹帷幄，决胜千里；二是出思路，用干部；三是定标准，定流程；四是精准精确；五是选准切入点，选对突破口；六是抓住关键，"牵一发而动全身"。

工作时只是埋头苦干,不去思考,不仅耗时,而且费力。将帅无能,累死三军。任何成绩的取得都离不开辛苦耕耘,真抓实干,但埋头工作不等于成绩本身。

所以任何时候都不要把劳累、加班、汗水当作成绩,那样很容易使自己陷于误区。

能力是什么？在工作中往往可以很简单明显地划分出来。三种员工,第一种是正常工作干不好,第二种是正常工作能胜任,第三种是工作很容易干好并且不断提升。三种领导或管理者,第一种是管理范围内的工作不能全面负责起来；第二种是管理范围内的工作能全面负起责来,能顺利完成；第三种是在工作中不断寻找突破,不断提升。很明显,以上的三种员工和三种管理者中,第三种属于有能力的。

优秀的管理者还有一种能力:高瞻远瞩,立足现实,把握未来,知晓规律。管理于未发生之时,决策于现实之前。

所以勿把完成工作当能力,完成工作只是尽了职责,与能力强弱关系不大。

当一个人在学习中充实提升,拨云见日,把复杂的事情做简单,把简单归纳成规律,就开始具备了真能力。

综上所述,干多干少不等于工作本身,劳累辛苦不等于成绩本身,成绩也不等于能力本身。

领导干部的胸怀是用无数的委屈撑大的,管理者的能力是在每次的学习历练中获得的。不计个人得失,才能成就大我。管理者计较多了,就做不好事业。

(六)浅述几点管理理念和方法

以下是个人从事教育管理工作以来,学习体会的几点管理理念和方法,与大家共享,抛砖引玉。

（1）"方针政策制定之后，领导干部是决定因素"，这是说的领导干部在组织管理中的关键作用。

（2）管理是一门科学，也是一门艺术，科学指的是管理是有其内在规律的，必须进行科学的研究和管理。艺术指的是管理的方法是多种多样的，管理是有层次差别的。把复杂的事情做简单，透过现象看本质，抓住关键环节，"牵一发而动全身"就是一种管理艺术。

（3）我们需要学会分析研究，吃透上情、摸清下情，找出结合点，这样工作才会有章法，才会有方向。

（4）管理者要学会决策、规划和制订计划。决策就是一种选择，是一个标准问题，规划就是把标准变为现实，计划就是把工作分阶段、分层次落到实处。

（5）任何一项工作都有四个必不可少的环节：计划、指导、考核、总结。计划要做到人、事、时间三落实；指导是要做好过程中的发现和督导；考核是关键，没有考核工作就落不到实处；总结是激励和反思。

（6）管理者的风格应是规范、大气、精确、独到。管理是管和理，管要管好，理要理顺。

（7）管理最基本的就是知道干哪些事，怎么去干这些事。更高的层次是：在落实常规中不断优化，常规做到极致就是创新。

（8）领先一步、科学决策、精心设计、落实到位、效果明显，这二十字既是管理的策略，又是管理的程度和方法。

（9）精细化管理达到全面细致的程度就是把每学期每天的工作都列出具体条目，把总体目标分解到底，把每一项工作确定时间、地点、人物、方法，再整理出工作重点。

（10）进行管理，落实工作要的是效果，讲求时效性。落实就是解决问题，实效是检验管理的唯一尺度。

（11）管理要把握好三点：管理的全面性、管理要到位、管理要注重方式方法。

(12)领先一步是占先机,一步领先,步步领先。管理不出问题,是因为在源头上已经把工作做好了。出了问题再去解决问题是管理的第二个层次,不是高明的管理。

(13)管理越早越好,管理越简单越好,管理成本越小越好。

(14)思路决定出路,困难就是机遇,问题就是方法。取得成功的人往往就是解决掉一个问题,就柳暗花明了。很多人不成功,是因为解决了99%的问题,最后被一点困难拦住了,功败垂成。

(15)管理者要有用心做事的思想和行为,克服困难的勇气和成功的决心。具体管理靠的是真实的才干,学习、学习、再学习,实践、实践、再实践,克服困难越多,解决问题越多,越能锻炼才干,才干是历练出来的。

(16)管理要考虑成本,要追求效率效果。管理者多用心,决策科学、规划全面、计划精确,可以让执行者少费很多力。将帅无能,会累死三军,更会打败仗。

(17)学校管理的三个方面:①决策;②规划、把关;③计划、指导、考核、总结。

(18)管理工作的流程包括计划、指导、考核、总结等环节,布置、安排仅是管理的起始。最重要的环节应是检查、督导。考核是关键。

(19)要从管理所要达到的目的、效果,倒推制定工作措施和方法,而不是先干事再等待结果的达成。

(20)哪怕一点小事,也要思考这工作由谁去完成最合适。责任人要明确,才便于落实。

(21)方法、思路也是一种生产力,一个好方法事半功倍,一个笨措施事倍功半。

(22)事情一来,首要是分清轻重缓急。面对问题发生,要弄清偶然、苗头、个别、部分、全体之分。不同的事情要采取不同的处理方法,不能用一种工作方法去解决所有问题。

（23）工作要学会全面调查研究，不要想当然，要见微知著。在工作中最重要的就是要把实际情况了解清楚，没有调查就没有发言权，没有研究就不能"拍脑袋"做决定。

（七）愿做春风化丝雨

1. 转变思想，充电学习

（1）学会承担

两年前的那个夏天，没有任何准备的我踏上了三尺讲台。虽已离开大学的校门，但还沉浸在那单纯的无忧无虑的校园生活中。悄然间，身份发生了变化，我不再是一名学生，我成了学生们的老师，成为 49 个孩子的新班主任。现实会逼迫着你快速成长，学会怎样备课，怎样教好课，怎样处理问题，怎样开好第一个班会，怎样召开家长会。遇到困难不能浅尝辄止，必须立即进入状态，了解学情，课后辅导，观察学生，挑选班干部，组建学习小组，开展班级活动。教学和班级管理渐渐走上轨道，可是新的更大的挑战又出现在我面前。

去年的那个夏天，没有任何准备的我接管了德育工作。一开始，内心是极度排斥这个工作的，除了招教考试了解过"德育"这个名词的含义之外，对它再也没有更深层次的了解。除了带着两个班的英语课，我还担任着一个班的班主任，班级里大大小小的事务就足够让我忙得焦头烂额，有过担心，害怕自己胜任不了。为此，我找校领导推辞过，但校领导信任我，认可我的能力。我也慢慢转变了思想，挑起了这个重担。

（2）参加培训

在教育不断改革创新的今天，只有加强学习，才能适应自己分管的工作需要，才能更好地解决在日常工作中碰到的各种问题。我坚持参加各种培训活动，学习教育管理理论和教育教学理论知识，使自己的观念得以更新,业务知识不断丰富,管理水平得以有效提升。

做一名卓越的管理者,要有好的习惯。

①以身作则:与其喊破嗓子,不如做出样子。

从任职起,我就不断鞭策自己,各项工作都要以身作则,在工作中总是踏踏实实、勤勤恳恳地完成各项任务,把学校大大小小的工作都当作自己分内的事,凡事以学校、教师、学生利益为出发点去思考问题,说真话、做实事,当好校长的帮手,做好执行工作的"勇士",以自己的实际行动推进学校各项工作的开展。

②挑战困难:世上没有绝望的处境,只有对处境绝望的人。

松下幸之助说:工作就是不断发现问题、分析问题、最终解决问题的一个过程。工作中总会碰到各种问题,而设法去解决这些问题,才是工作的核心,也是落实工作的唯一方法。工作的实质就是凭借自身的能力、经验、智慧,凭借自身的韧劲、干劲、钻劲,去克服困难,解决那些妨碍我们实现目标的问题。

目标档案整理是我工作中遇到的困难之一。每个目标档案需要整理的材料有哪些?计划怎么制订?方案怎么写?总结怎么写?重大节日应该开展哪些活动?这些都是我遇到的问题。问题出现了,如果不立即解决,工作就会停顿,工作是你的,没有人替你去完成,必须挑战自己,解决问题。外出学习时,我会研究学习其他学校的档案整理方法,回来后形成文档,再对照着目标档案管理条目研究,接着搜集材料,开展相应的德育活动。就这样,工作得以顺利进行。

③学会合作:分工协作是做好工作的关键。

随着新课程改革的逐步推进,作为从教者的我们要学会合作,合作才能双赢。要学会与组内教师合作,切磋技艺;学会与任课教师合作,各学科协调发展;学会与家长合作,共育栋梁之才。学会与同事合作,提高工作效率。明确自己的职责,摆正自己的位置,坚持从教师中来,到教师中去,努力营造教师之间融洽的工作关系。

（3）虚心请教

工作中，要抱着"学无先后，贤者为先"的思想，虚心学习，尊重老师，与领导、老师团结协作。重大活动要及时征求校长、老师们的意见，达成共识，使各项工作更有条理，落实到位，更有效果。

我刚开始接手德育目标档案整理工作时，手里拿着两页德育目标档案内容看了好多遍，包括 13 个大的目标，细化为上百个小条目，我不知从何处下手开展工作。由于我管理经验不够丰富，靠自己，是干不好工作的。所幸的是，我周围有许多经验丰富的领导，我便直接向他们请教，他们都毫无保留地给予指导，使我的德育管理工作很快步入正轨。

（4）多读书

阅读可以洞察芸芸众生、大千世界。

李希贵的《为了自由呼吸的教育》一书里有这样一段话：人在特定的年龄阶段就应该读特定的名家著作，一旦错过了这个阅读阶段，我们不但会失去阅读的欲望，而且难以吸收特定成长阶段所需要的"精神营养"。

教育不是一个结果，教育是生命展开的过程，永远面向未来。教师在学校进行教育教学实践的时候，非常重要的一件事情就是要和学生一起成长。

一个人，除了在实践当中获得经验体会之外，非常重要的是，要从书籍当中获得精神成长之源。

所以说，读书是非常重要的。教师要有真本领，还要把学生教出真本领。怎么能做到？就是要通过阅读。

人实际上就是在不断地摆脱愚昧，走向文明。重要的理论反复学，紧扣业务深入学，教师慢慢地就有了文化积淀，积淀越深，上课就越有风采。学生会有各种各样的问题问教师，教师要解答这些疑问，就得多读书。

2. 勤奋上进，追求卓越

（1）写好计划

做任何工作都应有计划，以明确目的，避免盲目性，使工作循序渐进，有条不紊。为什么有时候感觉自己天天在忙碌，而似乎没有任何成果，工作总是没有进展呢？为什么有时候感觉事情千头万绪，不知道从哪开始做呢？在工作中，这些问题也许总是困扰着你，而且影响到你的工作效率，究其原因就是没有一个合理的工作计划。

一个企业要有自己的计划，在这些计划中要明确生产任务、质量任务、管理任务、节资降耗任务等，以便企业围绕这些任务开展工作。同样，我们的工作也需要一个计划，来明确我们要做什么，要完成哪些教学目标。

工作计划是提高工作效率的一个前提。一个企业的计划有年度计划、季度计划、月计划，这些计划明确了企业这个月要完成什么任务，这个季度要完成什么任务，以及当年要完成的任务。同样，我们的工作也有这样的计划，我们要明确这一学年要完成什么教学任务，然后把任务进一步细化，就是这个月、这周要完成哪些教学任务，今天要完成什么任务，明天要完成什么任务。

所以，我们要做好我们的工作，要提高工作效率，必须要提前制订一个合理的工作计划。

（2）分清主次

工作分为四种：重要又紧急；重要但不紧急；不重要但紧急；既不重要也不紧急。

我们要学会分清工作的主次。首先把那些无关紧要的工作放一边，接着再排除那些不太紧急的工作。对于那些必须目前就干的工作，也要很好地进行组织。组织工作的方法有以下几种，这些方法既可以单独使用，也可以互相配合使用。

①同时进行多项工作。办事要有顺序，并不是同一时间内只能

办一件事,而是可以运用系统论、运筹学等原理,同时进行几项工作,这样效率就会大大提高。

②把若干工作结合起来。有两项或几项工作,它们虽然不完全相同,但有类似之处,互相联系,实质上是为了相同目的,因而可以把这两项或几项工作结合起来,一起完成,这样就能节省时间。

③改变工作的顺序。工作时要考虑采取什么样的顺序最合理,要善于改变自然的时间顺序,采取电影导演的"分切""组合"式手法,重新进行工作排序。

④改变工作方法。改变工作方法大体有两种,一种是"分析改善方式",对现行采用的手段、方法认真仔细地加以分析,找出存在的问题加以改进,使之与实现目标的要求相适应。一种是"独创改善方式",不受现行采用的手段、方法的局限,在明确目的的基础上,提出实现目的的各种设想,从中选择最佳的手段和方法。

⑤尽可能将不同性质的工作内容互相穿插,避免打疲劳战。如写总结需要几个小时,中间可以找学生谈谈心,让大脑休息一下。

⑥将某种要素换成其他要素。如能打电话说清楚的就不让家长到校,需要打电话的改为发微信,需要每周家访的改为隔周一次,在不家访的那一周里,可用打电话代替家访。

"分清轻重缓急,设计优先顺序,要务优于急务,选择优先速度",这是高效工作的精髓。还有一点需要注意,时间管理上还应尽量避免产生急务,这就要求平时尽量多处理要务,这样可以减少任务的堆积,降低既是要务又是急务的任务产生概率。记住这个原则,并把它融入工作当中,你才会感觉自己的工作轻松高效。

(3)拿出方案

行动要有方案,做事要有标准。针对不同的工作、不同的活动,方案必定不同,但整体框架大致相同:拟定好指导思想,确定好主题、地点、时间、人物、活动内容以及具体要求。

（4）落实工作

工作就是解决问题。落实是解决问题的"生命线"，没有把想法变成现实的决心和能力，所有的问题都无法得到解决。落实不力，意味着失败；落实不力，意味着危机；落实不力，意味着一切都是空谈。

方法总比问题多。对问题来讲，永远没有标准答案，永远有更好的方法等着我们去发现。

责任胜于能力。无论有多大的能力，都必须尽到100％的责任，因为1％的疏忽和大意很可能造成100％的损失和危害。

忙要忙到点子上。只有给自己找准位置，做自己力所能及的事情，才能真正发挥出自己的能力，高效地落实工作。

高效才是硬道理。最好的落实是一步到位，不打折扣地落实。

工作中无小事。当领导把工作交到你手上时，千万不能忽视细节上的落实，要细致、再细致，考虑、再考虑，以确保万无一失。

在实际工作中，结果永远是第一位的，要想有所成就，不仅要认真尽责，还要以结果为导向，时刻检查自己的工作结果，直到比预期还好。

1％的不执行可能会导致100％的失败。伟大的目标如不伴随伟大的落实，那将是一文不值。

3. 总结反思，创新工作

（1）勤写总结，在总结中反思

工作总结是对一定时期内的工作加以总结、分析和研究，肯定成绩，找出问题，得出经验教训，摸索事物的发展规律，用于指导下一阶段工作的一种书面文体。善于总结可以使你在遇到相同或类似问题的时候选择最合理的方法进行处理，减少重复劳动；可以锻炼你的逻辑思考能力和判断能力。

总结包括年度总结、月度总结、周总结、日总结。没有月度总结，年度总结就成了无水之源、无本之木。周总结可以让自己明白一周完成的工作、未完成的工作,在总结中反思未完成工作的原因,找到思路和解决办法,为下周落实工作打下基础。

心理学家波斯纳提出:教师成长＝经验＋反思。反思是教师获得专业成长的必经之路。苏格拉底说过:没有反思的生活,是不值得过的生活。总结工作的同时,应加上反思,反思现阶段工作中的不足,为以后顺利开展工作找到方法。

(2)创新工作

创新其实不是那么高不可攀,我们只要够努力,就能在工作中做到推陈出新。具体的方法就是,不管是什么工作任务,在条件允许的条件下,我们都多往前走几步,不满足于完成任务。思考一下怎么做能有更好的效果,说不定就有新思路、新方法。创新没那么神奇,跳一跳,就能够得着。

我们要集中精力研究自己的工作,集中精力把上级交办的工作干出色。要有"要么不干,干就干好,不甘落后"的认真精神。工作走一步想三步。好比下棋,要有一种通盘考虑的思路,要有很强的计划性,做到件件事情到位、项项工作落实,绝不能走到哪是哪。事务性工作要"一步三回头",也就是要仔细,做完回头看看,多检查几遍,重要的活动模拟一遍,做到滴水不漏,天衣无缝。干好分内的事,做好本职工作。

春风化雨,润物无声,愿作春风化丝雨。我深感自己身上还有许多需要改进、需要学习的地方,但年轻就是我们的资本,我们有着不甘落后的进取心,让我们继续将汗水挥洒在自己热爱的教育热土上,让春风吹拂心田!

七、现代校本课程

（一）关于开发实施校本课程的思考

1. 校本课程开发实施的意义

校本课程是我国三级课程管理的重要组成部分，校本课程开发可以弥补国家课程开发的不足。校本课程开发有利于形成学校办学特色，满足"个性化"的学校发展需求。校本课程开发有利于教师专业水平的提高，尤其是科研能力的提高。校本课程开发有利于学生主体性的发展，真正满足学生生存与发展的需要。

2. 关于校本课程开发等概念的解读

（1）校本

"校本"指以学校为本，以学校为课程开发的基地，以学校为课程开发活动的基础和决策依据，以学校的教师为课程开发的主体。它有三方面的含义："为了学校""在学校中""基于学校"。

"校本"的落实要体现在"校本研究""校本培训""校本课程""校本管理"四个方面。

（2）校本课程

校本课程是指学校在党的方针政策、国家和地方课程计划的指导下，以明确而独特的办学教育哲学为指导思想，以进一步提高学校的教育教学质量为导向,在对地方、学校和学生的需求进行系统评估的基础上,充分利用当地社会和学校的课程资源,通过自行探讨、设计或与研究人员合作编制的多样性的、可供学生选择的课程。

（3）校本课程开发

课程开发是从课程目标的拟订、课程结构的设计、课程标准的编制、课程材料的选择和组织到课程实施与改进等一系列的课程行为。

校本课程开发是指在国家课程框架规定的限度内,以国家及地方制定的课程纲要的基本精神为指导,依据学生的性质、特点及可利用的资源,以学校为基地,以教师和学校为参与主体,由课程专家、校外团体或个人共同参与的一切形式的课程开发活动。例如,课程选择、课程改编、课程整合、课程补充、课程拓展、课程新编等。

（4）对于与校本课程相关的课程概念的认识

①"校本课程"与"学校课程"

学校课程泛指在学校里实施与开发的所有课程,而校本课程仅是指狭义的学校的课程,指由学校自主开发的课程,是学校课程里的一个组成部分。简言之,学校课程指向课程管理的主体,校本课程则是指向课程的形态。

②校本课程与活动课程、选修课程的关系

校本课程与活动课程、选修课程之间具有继承与发展的关系。校本课程开发为规范和发展选修课程、活动课程提供了新视角和新平台,原来的活动课程和选修课程,则在很大程度上为校本课程的开发奠定了基础。如一些兴趣小组活动,本身就体现了校本课程开发的理念,是校本课程的表现形态,可以直接归入校本课程,而有些课程则与校本课程开发的理念相差甚远,这就需要加以改造、规范和发展。重要的是应该把"课""学科"意识提升到"课程"意识,使课程体现学生发展和社会发展的价值。

校本课程开发并不局限于活动课和选修课,必修课程、学科课程或者其他类型课程都可以纳入进来。

③"校本课程"与"综合实践活动课程"的区别

a.看课程权限。综合实践活动课程是国家规定的必修课程。校本课程则是学校自主开发设计的课程,是选修课程。

b.看设计目标。综合实践活动课程是达到国家教育目标的课程,特别强调学生基本学习能力的培养。校本课程也考虑学生的个性发展,但更考虑学校办学理念和学校特色。

c.看设计过程。综合实践活动课程是国家根据国情来设计的。校本课程是学校层面根据学校办学理念与实际自行开发、设计的。

④"校本课程"与"学科课程"的区别

相同点:校本课程与学科课程同属于学校课程。

不同点:校本课程与地方课程是选修课程,而语文、数学、英语、政治、体育、综合实践活动等学科课程是必修课程。

⑤"校本课程"与校本教材的内涵有本质的不同

校本教材的内涵一般是指为了有效地实现校本课程目标,达到教育学生的目的,对教学内容进行研究,并共同开发和制定一些基本的教与学的素材,作为校本课程实施的媒介,这些素材构成了校本教材。

3. 怎样开发校本课程

(1)确立新的课程观念

①确立新的课程制度观

三级课程政策的实施,打破了原有的大一统的课程体系,而建立了多元化的课程观。国家只制订各学科的课程标准,对课程进行宏观控制。教材则趋向多样化,学校可以选择任何经国家认定准予发行的教科书,这样就要求教师树立统一性与多样性相结合的课程制度观。

②确立新的课程价值观

在教育实践中,我国的课程价值取向基本上有两种情况:一是以对升学是否有用来衡量课程的价值;二是过早专门化与职业化,以是否满足当前社会的需要来衡量课程的价值。这些是课程设计时必须要考虑的,但课程最重要的价值在于增进个人的幸福,也就是说要考虑课程是否满足了学生的需求。教育毕竟是一种造就人的事业,人是教育的出发点,所以课程的开发必须以人的发展为其逻辑起点。

③确立新的课程类型观

中华人民共和国成立以来,基础教育的课程基本上是单一的国家课程。三级课程的试行,意味着课程的形态发生了质的变化,学校里就有国家、地方、校本三种课程并存。教师和学生在一定程度上可以选择自己感兴趣的课程。这样就为学校特色的形成,学生个性和特长的发挥留下了空间。

④确立新的课程开发观

三级课程政策实施,部分课程由学校自己开发,这就要求教师在学校认可的前提下自己确定开设什么课,这门课的教学目标是什么,具体的教学内容有哪些,如何呈现这些内容,教学效果如何评价等。与课程有关的决策从以前"上传下达"的方式转变为教师之间的"讨论"方式;教师既是教学的实践者,同时又是课程的开发者和研究者,这大大增强了教师进行教学研究的意识和能力。

(2)建立组织

①校本课程管理委员会(主任委员,委员)

职责:负责校本课程的总体规划、宏观调控及全面的研究和实施。

②校本课程开发工作领导小组(组长,成员:聘请的专家、各科教研组长、部分高级教师)

职责:组织实施校长决策,构思并制定校本课程开发工作的总体规划,做好指导、研究、实施、评估等工作。负责校本培训,检查校本课程实施,协调各部门的工作,组织教师编写校本教材和安排教师上课,实施课程计划。对校本课程的研究和实施进行指导、评估,调查、分析学生对校本课程的需求情况并在实施过程中进行适时调整,对校本课程档案整理工作进行督查。

③校本课程审核工作领导小组(组长,成员)

职责:制定校本课程管理的有关规章制度并组织实施和考核。组织教师进行校本课程的理论学习,规范教学行为,提高教育教学能力。积累课改资料,及时提供教改信息。

④学校校本课程评价工作领导小组(组长,成员:各功能室负责人、部分高级教师)

职责:制定校本课程评价标准。经常深入校本课程实施课堂,指导开课、听课、评课工作,负责各年级校本课程的教学实践、研讨活动和成果评比。

⑤学校校本课程学生选科指导小组(组长,副组长,成员:班主任、部分学生会成员)

职责:对学生的选科进行指导。

(3)需求评估

①评估学生的发展需要。校本课程设计的起点是充分考虑学生的需求、兴趣,根据学生自身的特点,采用学生问卷及与学生、家长、社区人士开展访谈等方式进行调查。问卷及访谈涉及如下内容:你有什么兴趣爱好?你希望提高哪方面的能力?你希望学校开设什么课程?等等。

②评估教师优势和发展需求。

③评估学校资源优势。

④评估家长、社会人士对学校开发校本课程的愿望和建议等。

⑤评估社区文化底蕴和发展需求。学生是社区文化的代言人之一,所以,社区的管理者应积极主动地提供适合学生实践、体验的场地,给学校提供人力资源,并经常与学校一起组织有意义的学生活动,创建一种新的社区文化,来提升社区的品位,促进学生的发展。

(4)确立校本课程的目标

学校应该在充分考虑学校和学生发展的基础上制定本校校本课

程开发目标,可以从国家教育方针、素质教育要求、学校办学目标和特色、教师专业化发展、学生的全面发展、学校课程建设等方面去考虑。

①总体目标

开发校本课程总体目标为促进学生个性发展,促进教师专业发展,促进学校特色发展。

通过丰富多彩的校本课程体系和学习活动方式,提升学生的学习能力,增强学生的情感体验,加强知识学习与实践活动的联系,提高学生对自然、社会和人自身的整体性、规律性和独特性的认识,提高学生综合运用已学的知识技能解决实际问题的能力,培养学生的综合实践能力、创新意识、创新精神和创造能力,增强学生参与社会生活、服务社会、造福人类的社会责任感和使命感,培养学生辩证唯物主义的科学观念、思想方法以及关注社会现实状况和未来发展的"人文精神"。

②具体目标

作为一门校本课程,必须突出其研究性和实践性,着重培养学生具备严谨的态度、科学的方法、研究的能力,具体如下:

a.培养严谨的科学态度:明确什么是严谨的科学态度;理解科学态度在学习、工作中的作用。

b.掌握科学的学习方法:理解科学的学习方法的价值;学习掌握与小课题研究有关的方法;将掌握的学习方法运用到小课题研究之中。

c.提高自身的研究能力:了解规范的研究程序;能够综合运用多学科的知识解决问题。

d.培养良好的学习品质:增强质疑问难的勇气;有自己的主见;增强协作互助的团队意识。

(5)确立校本课程开发的原则

①导向性

校本课程开发必须以国家确定的教育目标为课程建设的准则与导向,降低课程开发的随意性,正确处理好国家课程、地方课程、学校课程的关系,保证三类课程在培养目标上的一致性。

②发展性

校本课程是国家基础教育课程体系的重要组成部分。校本课程是国家课程和地方课程的补充、延伸。校本课程开发要依据国家的教育方针、课程计划、学生需求评估以及学校课程资源,以学校为基地而进行,充分考虑学校师生的独特性和差异性,使学生的个性化需要得到更好的满足。

③开放性

校本课程的开发必须高度重视课程资源的充分发掘与整合。从作为课程要素的课程资源来看,不管哪类学校,其课程资源都是丰富多彩的。因此,校本课程的开发要从课内延伸到课外;从学校扩展到社区,辐射到社会;从单一的学科课程整合为实践性强的综合课程。

④地方性

校本课程开发必须充分利用学校与所在社区的课程资源,从学生熟悉的生活中选取具有开发价值的素材,提炼出课程开发主题,以形成具有浓郁地方特色的校本课程。

⑤独创性

校本课程开发必须紧密结合社区与学校实际,结合学校的传统与优势,突出学校特色,尊重学生选择,以适应社区、学校、学生的差异性,体现校本课程的独特性。

⑥民主性

校长、教师、家长、学生是学校教育的共同体,也是校本课程开发的主体。在校本课程开发的过程中,必须充分听取与尊重各方面的意见与需求,特别是学生的意见与需求,形成一个人人参与的民主氛围,提高校本课程开发的质量。

【案例7.1】 ××中学校本课程开发原则。

①国家、地方、学校三级课程相协调的原则。

②权利与职责相统一的原则。

③地域资源与校本特色相结合的原则。

④课程研制、实施、评价一体化的原则。

⑤调查、研究、实验相结合的原则。

【案例7.2】 ××小学校本课程开发原则。

主体性原则——以学校教师为主体，以学生的实际需要为主导开发和利用课程。

基础性原则——要为每一个学生打好基础服务。

发展性原则——应着眼于学生的未来发展。

全面性原则——要服务于人的全面的发展。

人本性原则——以学生为本，促进学生全面发展、主动发展、健康发展。

可行性原则——校本课程应具有可操作性。

活动性原则——以学生为主体，以活动为载体。

整合性原则——完善补充、优化现行教材。

创造性原则——充分挖掘教学资源中的创造因素，创造性地进行课程开发，创造性地进行学校课程管理，创造性地实施学校课程，培养学生创新意识、创新能力。

（6）选择校本课程开发的内容与结构

①选择校本课程开发的内容

课程内容，是课程的核心。校本课程内容要立足于学生需要，要积极开发并合理利用校内外各种课程资源。

a.生命教育系列：课程目标是让学生形成珍惜个体生命的意识并学会保护自己，提高素养，挖掘潜能，提升生命发展的质量。内容包括道德价值观教育、生存教育、成才励志教育等。

b.科学素养系列：课程目标是拓展学生科学知识视野，提高科学探究能力,了解科学研究方法,体验科学探究过程,形成科学的态度、情感和价值观,能运用科学知识解决实际问题。内容包括生命科学、物理、化学、信息技术、自然地理、科技制作、电子技术、劳动技术、生物工程、环境保护、科技兴农等。

c.人文素养系列:课程目标是学生通过学习知识并内化,来提升自己的气质修养,继而形成高尚的思想品德、稳定的心理素质、良好的思维方式、和谐的人际交往、正确的人生观。内容包括美学、中国文化、文学欣赏、戏曲欣赏、演讲与辩论、英语会话与阅读、民风民俗、礼仪、宗教、法制教育、地方文化等。

d.生活艺术系列:课程目标是增强学生生活中的主体意识,形成积极的生活态度,掌握并熟悉专业技能操作要领,培养积极向上、情调高雅的爱好和特长。内容包括乐器、声乐、舞蹈、摄影、书法、烹饪、刺绣、编织、剪纸、花卉种植、泥塑、手工、表演、家政服务、时装设计、装饰设计、应用医学等。

e.身心健康系列:课程目标是强健学生体魄,促进学生身心健康发展,培养学生的兴趣与特长。内容包括篮球、足球、田径、乒乓球、武术、围棋、象棋、健康保健、心理辅导、人际交往等。

f.职业技能系列:课程目标是提高学生职业技能和职业综合素质,提高社会适应能力,拓宽就业渠道。内容包括机械类、计算机类、电子类、美术类、服装类、建筑类、普通话、实用写作、市场营销等。

②校本课程开发内容的结构化

所谓结构化,就是从学校教育的核心价值出发,使所有的课程内容形成逻辑联系。结构化包括三个方面的基本操作:板块设计、层次设计和年级设计。

首先,板块设计在一级指标的层面描述了一个学校课程结构的总体框架,各种课程内容都应该以一种整合的方式,以板块式结构呈现出来。在执行新课程方案的情况下,学校的课程结构要以国家课程方案的总体框架为核心,在此基础上进行校本化的整合。

其次,同一板块的课程内容本身,也应该经过结构化设计,以形成内容展开的"层次"。通常情况下,课程内容包含这样四个层次:板块(或领域、学科群)→科目(或主题)→单元→活动(或课题)。一个领域中可以包含无数的主题,同样,一个主题中可以包含无数的单元,由此类推。因此,结构化的过程就是在逻辑线路的引导下,学校教育者对课程内容的斟酌、选择、取舍的过程。

最后,要对全校所有年级的课程内容做出统一的安排,对课程内容进行纵向设计。合理的纵向设计可以充分体现学生的年龄特点,防止学生六年的课程内容出现重大疏漏或交叉重复,保证这些内容呈现出比较好的梯度关系。

③设计校本课程内容的结构

例如,课题组经过认真研究,认为课程的开发要与学校办学思想中"以德立校、以人为本、促进发展"的要求紧密结合,立足校本、瞄准特色,做到开放性、趣味性、教育性、生活化、综合化,将校本课程的结构框架确定为:第一层,我爱我的家乡(名称);第二层,概况篇、传说篇、创业篇、名胜古迹篇、特产篇。

(7)校本课程开发的方式

从校本课程开发的具体活动方式来看,校本课程开发可以分为课程选择、课程改编、课程整合、课程补充、课程拓展和课程新编等方式。

①课程选择

课程选择是指教师从国家课程、地方课程或其他学校的校本课程资源中选择能体现地方和学校特色,能适应本校学生不同发展需要的课程题材,发掘相应的课程资源,直接选为教材。也可借鉴移植其他地区或学校课程的开发成果。

②课程改编

课程改编是指教师根据学生的实际情况和学校自身的现实条件,对已有的课程进行局部的内容修改或结构调整,进行重组,设计有创意的课程主题和课程单元。即学校和教师对已有的课程进行修改，以形成一门适合自己实际需要的课程。课程改编一般涉及目标、内容选择与组织、实施方式、评价方式的修订。

③课程整合

课程整合即按照某个重要主题将两门及两门以上学科的知识组合形成一门新课程。这样的课程可以弥补以分科为主开发的国家课程的不足，同时也可以使校本课程引进最新的主题元素。课程整合的常用方法有开发关联课程和开发跨学科课程两种。

④课程补充

课程补充是指以提高国家课程的教学成效为目的而进行的课程材料开发。课程补充材料可以是报纸和期刊剪报、声像材料、教学片和电影短剧、图画、模型、图表、游戏等。

⑤课程拓展

课程拓展是指以拓宽课程的范围为目的而进行的课程开发活动。课程拓展的目标是拓宽正规课程，为学生提供获取知识、内化价值观和掌握技能的机会。拓展课程的内容超出了国家课程的广度和深度。

⑥课程新编

课程新编是指全新的课程单元开发。例如，突出学校特点的"特色课程"、地方性专题课程，以及时事专题课程等。

以下内容可以开发成校本课程：a.将教学科研的成果转化为校本课程；b.把地域资源转化为校本课程；c.把教师的经验、特长转化为校本课程；d.将学校的传统与优势项目转化为校本课程；e.把选修活动课程转化为校本课程；f.将校园文化活动转化为校本课程。

（8）校本课程开发的程序和要求

①校本课程开发的程序

校本课程的开发程序即开发路径，主要包括：成立组织—需求评估—确定目标—编制课程纲要—课程申报与审定、教材开发、教案撰写—课程推介、选课—实施课程—评价与修订。

在这个操作流程中,学校在完成第一个步骤之后,可以从其余几个步骤中的任何一个入手,也可以几个步骤同时进行。这几个步骤不是直线式的,而是一个循环往复的过程。前一轮校本课程的评价结果可以作为后一轮校本课程开发的依据。

a. 需求评估。教师自行或在有关专家指导下,对学生的发展需要、学校及社区发展的需要、学校与社区的课程资源等方面进行评估。评估的主要内容,包括明确学校的培养目标及办学特色,评估学生和学校的发展需要,分析学校及社区的课程资源等。

b. 确定目标。根据校本课程的总目标与课程结构,学校制定《校本课程开发指南》,对教师进行培训,教师在分析与研究需求评估的基础上,结合自身开发能力和学校课程实施的条件,确定自己开发的目标和方向。

c. 编制课程纲要。在申报课程前,教师需编制课程纲要,即教师自己对该门课程的一种设计。它包括以下内容:课程目标,课程内容或活动安排,课程实施,课程评价。

d. 课程申报、审定和推介。教师根据学校《校本课程开发指南》和自己的特长申报课程,申报课程时须填写"校本课程申报表",同时提交已编制好的课程纲要或课程实施方案。校本课程审议委员会根据学校课程的总目标与教师的课程开发能力,对教师申报的课程进行审议,审议通过后,将课程编入《学生选修课程目录与课程介绍》,由教导处召开校本课程发布会,供学生进行选课。

②校本课程开发的要求

校本课程开发的要求如下:

a. 应有明确的课程发展目标、规划及纲要。

b. 在开发过程中,要进行课程需求评估和课程资源分析。

c. 课程开发的个体应以教材、教案、资料袋等形式确定。

d. 教师应不拘泥于某一内容、某一类型,应按课程设置方向,综合本人和学生特点,选取适当形式与内容开发课程。

(9)校本课程开发文件的写作体例

①《校本课程开发指南》

A.何为《校本课程开发指南》

《校本课程开发指南》是学校校本课程开发与建设方面的整体规划,是学校校本课程管理方面的一般性规定,是培训教师的基本依据。

它一般包括学校办学目标、需求评估、校本课程开发的总体目标、校本课程开发的原则、校本课程的内容和结构、校本课程开发的基本程序、校本课程开发的管理条例等。

B.为什么要编写《校本课程开发指南》

编写《校本课程开发指南》,是为了切实有效地开发和管理校本课程,统一认识、辩证评估、规范程序、科学管理、有效落实、避免重复开发、避免浪费资源,以落实国家基础教育课程管理政策,提高学校校本课程的整体质量,促进全体学生主动、全面发展,提升教师的课程意识和课程开发能力。

C.《校本课程开发指南》的体例

a.校本课程开发指导思想(学校办学目标和办学思路)。

b.校本课程开发评估需要(校本课程开发的必要性和可行性评估)。

c.校本课程开发目标(分为总体目标和具体目标)。

d.校本课程开发的组织建设(五个组织机构)。

e.校本课程开发的基本原则。

f.校本课程开发程序。

g.校本课程开发的内容与结构。

h.校本课程的开设与实施。

i.校本课程的评价。

j.校本课程的保障措施。

②《校本课程开发方案》

A.《校本课程开发方案》的编写

封面:学校名称;课程设计者;适用年级;日期。

正文:课程设计的基础;总体目标;课程结构与门类;实施与评价的建议;保障措施。

B.《校本课程开发方案》的编写体例

a. 指导思想(基本依据与学校背景)。

b. 总体目标(具体目标)。

c. 内容体系及结构。

d. 校本课程的开发步骤(建立组织、评估论证、师资培训、撰写纲要等)。

e. 课程纲要、校本教材、教学设计的编写要求。

f. 课程实施要求及建议:一般包括课程目录、课程说明、课程安排(课表)、选课方法等。

g. 评价与反思。

h. 课程管理与保障措施。

③课程纲要

A. 何为课程纲要

课程纲要是指以纲要的形式呈现某门课程的各种课程元素。从广义来说,大到国家课程方案,小到教师写的教案或活动计划,都是课程纲要。狭义来讲,课程纲要是包含各种课程元素的某门课程的大纲或计划书。这里主要取其狭义,是指教师依据课程标准或指南撰写的某门课程(包括校本课程)的纲要。

课程纲要完整地体现了课程元素:课程目标、课程内容、课程实施与课程评价。

B. 撰写课程纲要的意义

a. 有利于教师整体把握课程实施的目标与内容。

b. 有利于教师审视满足课程实施的所有条件。

c. 有利于学生明确所学课程的总体目标与内容框架。

d. 有利于学校开展课程审议与管理。

C. 撰写课程纲要的要求

撰写课程纲要一般有两种方式：一种是顺序呈现各个课程元素，另一种是基于课程标准来设计课程纲要。

（A）课程纲要的内容包括：a. 一般项目：学校名称，科目名称，课程类型，设计教师，日期，适用年级，课时；b. 课程元素：课程目标，课程内容，课程实施，课程评价；c. 所需条件：为顺利实施该课程所需要的条件。

（B）撰写课程纲要的关键是处理好四个课程元素。

a. 课程目标是构成课程内涵的第一要素，制定目标的依据是对学生的研究、对课程标准的解读以及对学习内容及其他资源的分析把握，具体撰写的要求有：必须全面、适当、清晰，一般列出 4～6 条。

b. 总体把握课程内容难点、重点。课程内容或活动安排要求重点明确、按从易到难排序；涉及选择哪些内容与怎样组织这些内容，或安排什么活动；处理好均衡与连续的关系。

c. 明确表述学习活动的组织与安排。具体表述课程实施方法、组织形式、课时安排、场地、设备、班级规模等。

d. 课程评价主要是对学生学业成就的评定，涉及评定方式、计分方式、成绩来源等。课程评价应当既包括学的评价，也包括教的评价，教师要确认评价的内容与评价方式或手段。

D. 撰写课程纲要应注意的问题

a. 明确课程纲要阅读的对象

课程纲要一是给学生看的，是要让学生明白课程的学习目标、主要内容、老师采取的教学方法、学生可用的学习方式、学生得到的课程评价。二是给同年级组老师看的，是要同年级任课老师明确教学目标、教学内容、教学中的注意点、怎么评价学生等。三是给学校管理部门看的，是告知学校管理部门本学期的教学情况、需要得到的帮助等。所以课程纲要的内容应充分考虑三方面阅读者的需求，要让

117

他们看得明白、看得清楚。

b. 以课程视角撰写课程纲要

撰写课程纲要要充分体现课程的四大元素（目标、内容、实施与评价），还要考虑课程标准、社会需求、学科专家建议、学生研究四个方面。

4. 如何实施校本课程

（1）校本课程的实施程序

①公布课程

经立项列入学校校本课程目录的课程，应向全体学生公布，供学生选择。

②学生选课

教师在开课前，填写课目教学申请表和课程说明书，上交到教导处；教导处将教师上交的申请表汇总成课目表，供学生选择；学生在教师指导下填写校本课程申请表，并上报教导处。

③编班排课

根据学生的选课情况，教导处编排教学班（每个教学班不少于 30人）；以教学模块形式，编制课程安排表，安排教学，并公布课程科目、任课教师、教学班学生名单、教学地点、时间等。

④实施教学

学生走班选课。要求校本课程教学必须体现民主、开放的原则，突出师生主体，丰富和改革教与学的方式，教学组织形式多样，教学活动场所多元。若组织学生走出校园，走进社会，要严格遵守外出审批程序，并注意安全。

⑤跟踪评价

对校本课程进行跟踪评价，对实施过程进行监控。主要包括教师评价和学生评价。a. 对开课教师的评价：包括学生选择课程的人数，学生实际上课的效果，领导与教师听课的评价，学生问卷调查的结果,以及教师按计划进行教学的情况等。b. 对学生的评价:实行学分制,以学生参与学习的学时量的考核为主,过程与结果为辅,进行综合评价。

⑥需求追踪

了解、研究和引导学生发展需求的变化。

⑦动态调整

根据学生需求变化,对校本课程进行动态调整,优胜劣汰。

（2）实施校本课程的配套措施

实施校本课程的配套措施如下:

①教导处、教研组要积极帮助教师制订好教学计划,负责协调安排和组织教学。

②学校将聘请社会有关人员担任部分课程的教学,邀请教研部门领导到校指导工作。

③校本课程与必修课程一样,计入教师工作量,工作实绩载入业务档案。

④学校尽可能保证开展课程所必需的经费、器材等物质条件。

⑤完善管理网络和运作流程,确保校本课程从无到有,从有到精,尽快形成特色。

（3）校本课程的管理措施

①严格课程纲要的管理

学校课程开发委员会实行课程纲要的审议制度,着重关注教师开发的课程是否与学校校本课程总体目标紧密联系;课程目标的确立是否恰当、合理,是否符合新课程理念;课程内容是否适合授课对象;课程实施建议是否可行;课程评价的设计是否符合新课程的理念。

②严格课程教学的管理

主要包括定期举办校本课程课堂教学展示课活动,推行邀请听课制度;每月对教师的课堂教学行为进行问卷调查或召开学生座谈会,每学期开展全体学生和家长对教师的评教活动。

③严格教学班的管理

实行任课教师责任制,谁上课谁负责。由于跨班级选修课程,学生的流动性增大,可制定《校本课程教学班管理办法》,对教学班的组建、教学班的教学过程、教学班与行政班关系的处理和协调等方面提出具体要求。

④严格学业成绩的管理

校本课程侧重于表现性评价,可灵活选择多种评价方式,包括课堂观察、课堂提问、访谈、作业、练习、论文、手工、收集资料、讨论等。校本课程成绩采用等级制。

⑤严格课程制度的管理

校本课程制度管理的核心是使课程走向规范化、制度化。为此,学校可制定校本课程开发立项与审议制度等。

5. 校本课程实施的评价

(1)学校评价

学校评价包括:

①定期评价《学校校本课程开发方案》,提出改进建议。

②定期组织教研组评价,调整与完善教学进度计划。

③定期检查、组织教师交流,做好校本课程开发与实施的监控和测评工作,组织听、评课,随时调控校本课程的开发实施情况。

④定期组织教师开展课程开发、创新实施、评价反思等理论学习和研究活动。

⑤强化学校课程开发经验的积累、智慧的积淀,强化学校亮点和特色。

(2)教师评价

教师评价包括:

①教师执教必须有计划、有进度、有教案,有考勤评价记录。

②教师应按学校整体教学计划的要求,教学达到规定的课时与教学目标。

③教师应保存学生的作品及在活动、竞赛中取得的成绩资料等。

④教师要认真写教学案例,及时总结、反思。

⑤教导处每学期通过听课、评课、调查访问等形式对教师进行考核,并记入业务档案。

(3)学生评价

学生评价包括:

①侧重于态度与能力,减少量化,多进行分析性评价。

②在活动情境中评价学生,学生自我评价。

③校本课程不采用书面的考试和考查方式,但要做考勤评价记录。

④根据每个学生参加学习的态度进行评价,可评为"优秀""良好""一般""较差",作为评选"优秀干部""优秀学生"的依据。

⑤学生成果可通过实践操作、作品鉴定、竞赛、评比、汇报演出等形式展示,成绩优秀者记入学生学籍档案并推荐参加各级比赛活动。

6. 校本课程开发实施的保障

(1)组织保障

学校成立相应的领导组、指导组,加强课程的实施管理与保障。

(2)制度保证

学校制定课程审议制度、教学管理条例、教师培训制度、校内评价制度、激励制度等。

(3)课程开发管理

教师根据《校本课程开发指南》,撰写课程纲要和教学设计,并在实施前交主管部门审议。每学年的1~8月为校本课程开发准备工作时间,9月份正式实施。

(4)课程实施管理

校本课程在实施过程中要充分体现学生学习活动的自主性、探索性、创新性,学习方式的活动性、实践性、综合性,教学过程的情境性、合作性、建构性,教授方式的灵活性、针对性、创造性,保证各类课程的合理比例。

(5)教师管理

以备课组、教研组为单位,实行联合开发管理。

(6)教材管理

校本课程可选用教师指导用书,可为学生提供必要的操作材料或活动器材,原则上不要求学生购买教科书或资料。

(7)课程评价管理

要建立和完善课程评价制度,每学年必须审定一次校本课程,以不断改进校本课程的开发与实施。对学生的学习评价要纳入学生档案管理。

7. 小结

校本课程是新课程改革的产物,是为学生发展而设计的课程。校本课程的设计与规划已经成为许多学校的自觉行动,课程创新将是艰难的,但又是充满挑战的,富有激情的。创新将为我们的教育生涯再添光彩!

(二)开发校本课程,扬起生命风帆

日照市东港区后村镇中心初中是一所农村初级中学,为有效落实国家课程改革方案,学校高度重视校本课程的开发与利用,在课题的前期研究中,我们以新课程理念和教育教学理论为指导,以"建设雅致文化,实施精致教育"为目标,在专家引领下,努力开发并实施校本课程,探索并构建校本课程的开发、管理、保障体系。校本课程的开发和实施,促进了教师和学生教与学素养的发展。

1. 调查问卷发现问题，针对问题分析原因

《国务院关于基础教育改革与发展的决定》明确指出要"加快构建符合素质教育要求的基础教育课程体系"。我校立足师生实际，在全校范围内，开展了以校本课程开发为主题的问卷调查，调查显示校本课程开发的主要问题有：一是大多数教师课程意识淡薄，校本课程开发相关知识欠缺，53％的教师认为课程开发囿于考试科目和学科知识，32％的教师对校本课程只是"听说过"。二是学生对校本课程的认识不一，72％的学生认为学习考试科目最重要；62％的学生交往面主要局限于同村或邻村的同学，合作意识较弱；92％的学生对环保实践和科技实验等存在强烈的探究欲望。

根据对调查数据的分析，我们认为师生的应试教育思想阻碍了国家课程方案的落实，坚定了提升教师的校本课程开发与实施能力、借助校本课程的开发与实施转变师生观念的想法。为了促进教师、学生的发展，推进素质教育，我们确立了"课程资源开发的案例研究"的课题，并开展了校本课程的研发和实施。

2. 加强课题管理，深化课题研究

确立课题后，我们加强课题研究管理，探索构建有效的研究机制；坚持专家引领、骨干带动和校本培训，提高教师的课程开发意识和能力；立足农村学校实际，进行校本课程开发的案例研究，在行动中反思，在反思中提高。

（1）加强管理，构建研究机制

学校成立以校长为组长、分管教学副校长为副组长、有关处室负责人为成员的校本课程研究开发指导小组；教导处主任、教科室主任负责日常校本课程研究开发指导小组的工作。校本课程研究开发指导小组负责校本课程的研究开发工作，组织教师培训和交流。学校还成立了校本课程管理委员会，负责校本课程审定和管理，严格执行

校本课程的准入制,对校本课程的教学过程进行跟踪管理,对教学质量进行监督和评价。

我们修订完善课题研究管理系列制度,设立专项课题研究经费,改善学校教育资源和教学条件,为课题研究提供可利用的物质基础。

为扎实推进课题研究,学校还成立了校本课程教研组,负责全校的校本课程开发与利用的教研工作。学校要求各教研组做好理论和实践的有机结合,扎实展开课题研究活动,坚持以活动促研究,以研究促发展。

(2)加强校本培训,提高教师的研究能力

斯腾豪斯指出:没有教师发展就没有课程开发。学习理论知识,提升理论修养,是教师开展课题研究的基础。我们主要采用专家引领、校本培训和个人自学反思等方式提高教师的校本课程开发与实施能力。

①专家引领,明确方向

我们多次请区教研室厉建华主任到校指导课题研究工作,厉主任做了题为"浅谈校本课程开发与实施"的专题讲座,阐释了校本课程开发的目的、意义、开发策略及管理措施等,并对部分教师的校本课程开发进行了手把手的指导,专家引领使教师们提高了对校本课程开发的认识,提高了教师的理论素养,指明了研究的方向。

②校本培训,专题突破

工欲善其事,必先利其器。校本培训中,我们针对校本课程开发的内容、意义、开发方式等方面开展培训。每次培训设立一个主题,由课题组骨干成员主讲,解决课题研究过程中遇到的问题和困惑,进行专题突破。在培训中努力做到五个结合,即课程培训与教师素养提高相结合,通识培训与学科培训相结合,普遍培训与个别指导相结合,领会与体验相结合,培训与研究相结合。

③广开学源,选学所需

他山之石,可以攻玉。我们采用文献研究法了解前人的研究状况，一是根据课题研究内容查阅相关专著，学校购置了《校本课程论》《校本课程的设计与探讨》等专业书刊，教师自己购买了《怎样开发校本教材》等书。二是查阅相关的资料性文献。三是上网查阅相关资料，结合网上学习，解决开发校本课程过程中遇到的问题，拓宽课程资源开发和实施的思路。通过学习，教师进一步明确了校本课程开发的方式、策略，为教师开发校本课程奠定了坚实的理论基础。

④开设论坛，整体提升

我们每月举行课题研究论坛，论坛由研究骨干教师轮流担任主讲人。课题研究论坛上，主讲人理论联系实际，解答教师校本课程开发与实施中的困惑，有效提升了教师课程开发的能力。

（3）科学选用研究方法，有效开发校本课程

研究方法是运用智慧进行科学思考的技巧，掌握科学的研究方法，理论与实践才能很好地结合，随之才能产生新的研究成果。

校本课程研究开发指导小组负责校本课程的研究开发工作，指导教师编写课程纲要，具体内容包括：a.课程目标；b.课程内容或活动安排，要求突出重点，按从易到难的顺序排列；c.课程实施，包括方法、组织形式、课时安排、场地、设备、班级规模等；d.课程评价，主要是对学生学业成绩的评定，涉及评定方式、计分方式等。

①用经验总结法进行个案研究，开发校本课程

经验总结法是对一个完整的过程进行分析和总结，揭示现象和效果之间的联系，发现或认识过程中存在的客观规律及作用，为以后相同或类似的研究工作提供借鉴。

我们应用经验研究法开发校本课程，首先从开发校内的教育资源开始。我校操场边有一条紫藤长廊，东西长约 100 米，已成为全校师生的精神乐园，他们在紫藤下读书学习、谈心交流、畅想人生。教师围绕紫藤开发校本课程，挖掘紫藤的文化内涵，融合优雅、精致元素，让学生赏花、识香、品性，在学习紫藤的生物特性、搜集紫藤的传说故事、讲述紫藤的故事、描写印象中的紫藤等活动中体会紫藤文化

内涵,形成了系列以紫藤文化为主题的校本课程。

学校设立了每年一度的紫藤文化艺术节,成立紫藤文学社,创办《紫藤》社刊。紫藤每年都盛开,我们每年都结合学校和学生发展,对紫藤文化进行再开发。

②运用行动研究法开发校本课程

校本课程开发实施程序是一种动态的、持续的过程,学校在进行课程开发时,必须根据本校的实际情况,先评估课程开发的必要性与可能性。我国对环境保护日益重视,为满足学生参与环保实践的意愿,我们运用行动研究法,开发并实施了环保类校本课程。

a. 发现问题:我们组织教师对环保问题进行了考证,决定开发环保类校本课程,引导学生参与环保活动。

b. 开发课程:我们明确了研究目标,根据确定的系列主题,通过对影响学生参与环保活动的积极性的各种因素的分析,做出切实可行的行动研究策划,开发并实施了"环保让生活更美好"的校本课程。

c. 实施行动:教师在实施过程中,收集资料,根据实际情况的变化,修改完善原课程。同时我们重视其他研究者及参与者的监督、观察、评价和建议,把环保课程从校内扩展到校外。

d. 检验和考察:我们在研究过程中,随时对行动过程、结果、背景以及行动者特点进行检验和考察,调整课程。除实验教师外,我们还约请校外辅导员、学生家长与学生从不同的方面进行多视角的观察,搜集反映校本课程开发与实施效果的材料、数据,如教师的研究日志、学生的作品、教师对学生的评价记录、相关的问卷、访谈材料等。

e. 行动反思:反思是推动行动研究不断深化的重要机制,教师对校本课程实施中的资料进行归纳、分类整理,将获得的数据及时进行分析,总结师生行动研究的得失,对行动研究的过程和结果进行判断和评价,形成课程开发和实施的经验。

我们开发的环保类校本课程"环保让生活更美好",以学生的环保实践活动为主,与学校开展的环保活动相辅相成,并在课程实施和社团活动的过程中，不断进行修订完善，现在此校本课程已成为学生的必修课程。

③运用实验研究法开发校本课程

我们运用实验研究法，采用"选定课题—提出假说—实验设计—实验探究—资料统计—形成结论"的开发模式，师生共同开发科技类校本课程"创意与发明"。

课程实施的实践显示，经过重组的系列科学实验打破学科的界限，给了农村学生一个探索科学奥秘的窗口，研究教师甚至发现一些学习成绩差的学生从中找到了自信，激发了学习的动力。

我们陆续开发出四大系列二十多个精品校本课程。

一是德育规范养成系列：包括"入学课程""开学课程""毕业课程""期末课程""升旗课程""课间操课程"等。

二是艺术、体育系列：包括"竖笛""古筝""舞蹈""书法""中国画""剪纸""篮球""乒乓球"等。

三是学科文化系列：包括"演讲与口才""晨诵""共读一本书""高效数学""趣味物理""英语角""历史天地"等。

四是精英培养系列：包括"紫藤文化""环保让生活更美好""创意与发明"等。

系列校本课程的开发，让学校初步建立起与国家课程相互补充、相互促进的校本课程体系。

（4）研究实施校本课程，提高课程的有效性

校本课程是一种独立的课程形态，具有时代性、实践性、探究性、活动性等特征，因此，我们在课程实施过程中注意了以下几个方面：

①公布课程，指导学生选择。学校应根据学生需求、教师资源、学校特色以及场地、设备、课程开发等实际情况，及时向学生公布校本课程目录和说明，并对学生选课进行指导，引导学生根据自己的兴趣选择校本课程。

②突破班级界限，尊重学生自主选择，根据课程自由编班，开展

教学活动。

③科学实施校本课程教学。一是体现综合性。倡导课程整合,拓宽学生视野,淡化学科知识,强调综合运用和实践创新。二是注重实践性。密切课程与现实生活的联系,在教学实施过程中,要通过提供与学生生活、与现代社会密切联系的素材,拉近与学生的距离,让学生感受和体验学习的过程;要通过组织形式多样的实践活动,让学生动手动脑,解决现实生活中面临的问题,提高学生综合实践能力。三是加强情境教学。利用文字材料、模型、书籍、多媒体等创设情境,并通过情境激发学生的学习兴趣,调动学生积极性。四是倡导多种形式的教学方法的合理运用。积极探索多种教学方式,充分考虑学生的需要、兴趣与经验,促进学生自主、合作、探究学习。积极探索班级集体授课之外的教学形式,如采用观摩、实验、创作、考察、调研等多种形式实施教学,以提高学习效率。五是利用评价手段促进学生发展。我们制定了系列评价方案,根据学生的态度、成果、成绩等综合评价学生,成绩以等级形式呈现,学生成果通过实践操作、作品鉴定、竞赛、评比、汇报演出等形式展示。特别要注意在学习过程中利用评价手段,促进学生发展特长,激励学生不断进步。

同时我们还采取了三种策略实施校本课程:第一,将校本课程列入课程表,让校本课程成为学生必修课程。第二,校本课程与国家课程结合,渗透在课堂教学之中。例如语文课前三分钟进行"演讲与口才"学习,早读时间进行"晨诵"学习,英语课前进行"英语角"中师生模拟情境对话等。第三,学生根据自己兴趣特长组织社团,选修课程。根据各社团的特点,分固定时间与自定时间组织活动。

3. 着力打造研究成果,促进学生全面发展

校本课程的开发和实施是一个动态过程,我们要求实验教师对校本课程的教学实践进行再认识、再思考,进一步提高校本课程的实效性。教师在反思中调整、提升,校本课程的开发和实施,取得了可

喜的成果。

（1）随着系列环保宣传实践活动的开展，"小青蛙环保社团"已经成为日照市青少年环保活动的一面旗帜。社团两次受到团中央农村青年工作部、全国保护母亲河行动领导小组办公室的资助。日照电视台、《齐鲁晚报》曾对社团作专题报道，《环境教育》杂志也对我校的环保活动进行了宣传报道，市环保局先后为社团提供 3 万元的资助。

（2）科技兴趣小组以赛促练，每年代表日照市参加山东省青少年科技创新大赛并获奖。学生的创新意识日渐浓厚，创新成果不断涌现：作品《日照市公交查询系统》获得山东省青少年科技创新大赛三等奖；《DDT 的循环危害人类》在"全国青少年儿童持久性有机污染物环保艺术大赛"中获三等奖；"第十届全国中学生水科技发明比赛暨斯德哥尔摩青少年水奖中国地区选拔赛"中，邢云飞的水资源调查获优秀奖。

（3）校本课程的开发和实施引领了教师专业发展，我校已经获得国家级优秀校本课程一项，市级优秀校本课程一等奖三项、二等奖两项。最近一年，学校就有 7 名教师通过校本课程的开发和利用走上省、市级优质课评选的舞台。

4. 存在的不足

回顾校本课程资源的开发与利用之路，尽管我们取得了一定的成效，但以下问题值得我们思考和重视：

（1）校本课程体系有待完善

我们已经初步建立起相对完善的校本课程体系，但活动类课程、德育规范养成类课程相对薄弱，要加大开发力度。

（2）校本课程教材有待修订

我们的校本课程开发较早，如《发明与创意》《环保让生活更美好》等教材成型于几年前，随着时间的推移有许多内容需要及时更新。

行动就有收获,坚持才有奇迹,我们将坚持再坚持,提升我校校本课程开发与实施的能力,提高师生教与学的素养,促进素质教育和新课程改革的实施,促进学校的可持续发展。

(三)优秀校本课程"剪纸艺术"

"剪纸艺术"课程纲要

1. 课程名称

剪纸艺术

2. 开发背景

剪纸是具有悠久历史的中国民间艺术。我校开展剪纸艺术教育已有多年,已具备了开展剪纸活动课程的相关基础条件。一是我校一直重视发展艺术教育,致力于将学生的发展与学校的特色建设目标相融合。自 2006 年秋我校成立第一个"剪纸兴趣小组",剪纸活动就受到学生的欢迎和家长的认同。二是我校有几位热爱剪纸艺术、有一定剪纸特长的教师,经过几年的培训,他们已具备进行剪纸教学的能力。三是剪纸所需要的材料简单,花费低,易于操作。四是经过几年的实践,学校已经构建了较为完善的课程内容结构,开发"剪纸艺术"课程水到渠成。

3. 课程开发

学校成立了以校长为组长,骨干教师和美术教师为组员的开发研究小组。教导处、教研室具体负责课程的策划与实施方案的制定;美术教师为第一责任人,是学生的辅导者,负责学生作品的收集,各班每个月都要精选学生剪纸作品进行展览;教导处负责实施监督与评价,厉华美老师具体负责教师培训;总务处负责后勤服务与作品的装裱等事务;团委与政教处负责活动的推介与宣传。

教师先培训后上岗,责任明确。教师分工搜集具有本地特色的资源,通过社会调查、家长问卷、学生座谈等形式征集意见,确定课程内容。开发研究小组的教师带头上课,同时给其他教师做培训,从而在全校达到师生人人会剪纸、人人出精品的目的。

不断总结评价,为学生展示提供平台。各班每半个学期都要出一本自己的剪纸集,让学生的学习成果能有交流的机会。各班教室的墙壁上划定专用区域展示学生的剪纸作品,让学生都能体验成就感。学期末,学校对成果突出的班级及个人进行表彰。

4. 课程性质

"剪纸艺术"是以传统民间剪纸艺术与美术教育的整合为切入点,以学生学习兴趣和内在需要为基础,以综合活动课程的方式组织,让学生掌握基本的剪纸知识和技能,培养学生热爱中华民族传统艺术文化的一门必修学校课程。

5. 课程目标

（1）总体目标

通过剪纸活动使学生了解传统的剪纸艺术特点和特色,唤起学生热爱中华民族艺术的情感,掌握剪纸的基本知识和基本技巧,能由临摹逐渐转向创作,能独立完成作品,开发学生的非智力因素,陶冶情操,提高审美能力,促进学生个性和谐发展。

（2）分类目标

①情感、态度、价值观

了解剪纸的历史,形成正确的审美能力,陶冶情操;培养学生爱祖国传统文化的情感,感悟中国古文化的博大精深;学会与他人交流、合作,培养动手能力。

②能力

能正确安全地使用剪刀、刻刀等剪纸工具,掌握一些剪纸的简单技法,能独立完成一些简单的花卉、禽鸟、昆虫、人物等的个体作品;尝试与同伴合作完成一些大型的作品以及套图;能自己创造一些图案来表现自己的思想。

③知识

了解剪纸的发展、工具、步骤及表现手法、技法、种类。

6. 课程设置

(1)课时安排与教学形式

"剪纸艺术"课程安排在七年级"地方与学校课程"课时中进行,具体教学时间是每两周一课时。采取课堂教学与实践操作相结合的方式。

(2)课程内容

"剪纸艺术"共计 3 个单元,其中第三单元为选学内容。

第一单元　认识剪纸

　第一课　剪纸简介

　第二课　剪纸的历史

　第三课　剪纸的基本特征

　第四课　日照剪纸艺术

第二单元　学会剪纸

　第一课　剪纸的工具材料

　第二课　剪纸的制作步骤

　第三课　剪纸剪制要领

　第四课　折叠剪纸基本技法

　第五课　剪纸创作的构思与表现

　第六课　剪纸的表现方法

　第七课　花卉的剪法

第八课　禽与凤凰的剪法

第九课　动物的剪法

第十课　山石云水的剪法

第十一课　昆虫的剪法

第十二课　剪纸作品的装裱和保存

第三单元　欣赏剪纸

第一课　剪纸作品的艺术鉴赏

第二课　剪纸的流派

第三课　剪纸的代表人物

第四课　剪纸作品欣赏

7. 实施建议

（1）教学原则

①循序渐进原则

剪纸活动是一项实践性很强的活动。从最基础的直线、曲线，到对称剪纸、折叠剪纸、非对称剪纸，直至剪纸创作，每一步都需要大量的练习，循序渐进，一步都马虎不得。

②主体性原则

剪纸教学应变革传统、封闭的课堂教学形式，呈现宽松、和谐的状态。师生之间的关系是平等、融洽的，学生在一种自由的氛围中成为学习的主人。

③创造性原则

教师在剪纸教学中培养学生的创造能力，首先要引导学生多细心观察生活，对日常生活中所接触到的动物、植物和人物等的外形特点多加琢磨。做生活中的有心人，平时多关注报纸、杂志上的剪纸作品，研究别人是如何设计、剪刻、取名的。

④培养技能与开发智力并重原则

剪纸艺术是视觉艺术，一切活动都在学生的视觉感受中进行。

要特别注意对学生在活动过程中进行观察能力的培养和观察方法的指点,让学生能于细微处找出事物间的差异。学生学习剪纸是在装订、剪刻、粘贴的训练中进行的,在模仿与创作的实践过程中,既培养了学生手、眼、脑的协调能力,提高了学生的审美情趣,又发展了他们的智力。

(2)课程评价

①学生评价

评价要体现多元化和个体化,评价时特别要注重学生的学习效果和特长的发展,关注学生对校本课程的学习兴趣和态度。

a.不采用书面考试的考查方式,但要做考勤评价记录。

b.学生成果可通过实践操作、作品展示、竞赛、评比、现场表演等形式展示。

c.对学生学习结果的评价采用等级制,分为"优秀""良好""合格""不合格"。

②教师评价

a.教师教学应有计划、有进度、有教案、有考勤评价记录等。

b.教师应按学校整体教学计划的要求,达到规定的课时与教学目标。

c.教师应保存学生的作品及在活动、竞赛中取得的成绩资料。

d.教导处通过听课、查阅资料、调查访问等形式,每学期对教师进行考核,并记入业务档案。

"学会剪纸"教学设计

(1)教学目标

①知识与技能目标:掌握剪纸的方法和步骤,提高操作能力。

②过程与方法目标:能运用不同的手法剪出窗花。

③情感与态度目标:唤起并激发学生对民族剪纸艺术的热爱,培养学生对民族剪纸艺术的兴趣,增强学生民族自豪感;进一步提高学生对形式美的认识和感知,培养学生创造美的能力。

(2)教学重点

通过练习,使学生初步掌握剪纸的基本技能和技巧。

(3)教学难点

剪纸外形设计。

(4)教具准备

示范作品、各种规格的彩色纸、剪刀、铅笔、胶棒。

(5)教学过程

①提问导入

大家知道我手里拿的是什么吗?(剪纸)剪纸是我国流行的民间艺术之一,谁能说说我国的民间艺术还有哪些吗?让学生回答。

教师总结:我国民间艺术工艺品历史悠久,内容丰富多彩。有陶瓷、泥塑、布艺、风筝、剪纸、麦秆画、年画、灯彩、吊饰、木刻、漆器工艺、兽皮工艺、砚石工艺、竹编工艺、玉器工艺、大理石工艺、铅笔屑画、唐卡、拓真画、银饰、纸编画、苏绣、鱼皮衣等。这些民间艺术品,内容呈现大多寓意着吉祥如意、长命健康、富贵有余、儿孙满堂等。这些民间工艺品流传广泛,生动有趣,表现了中国人的传统文化。

今天我们就学习其中的一种民间传统艺术——剪纸。

②情境创设

(挂图)出示红色"喜"字。

教师:这个字,大家熟悉吗?(熟悉)太熟悉了!这个"喜"字,也是老师带给你们的祝福:愿你们每一天都喜笑颜开!这个字谁会剪?

(总结学生的方法)现在请大家用最短的时间,最巧的手,把双喜剪下来,好吗?(学生剪,教师巡视指导)

(创设剪"喜"字这样一个情境,激起学生活动兴趣,让他们对课堂感兴趣,都跃跃欲试,渴望自己动手,积极参与课堂教学。)

教师:剪好的同学,请把"喜"字举起来。(看一下)很多同学都已剪好,而且很漂亮! 谁愿意说说你是怎么剪的?

教师归纳步骤:可以先把纸对折,画上线,再剪(折叠、画线、剪裁)。因为"喜"字是轴对称图形,对折一次,画上一个"喜"再剪下;对折两次只要剪"喜"的一半就可以了。

(教师演示"喜"字的折叠过程,形象生动,一开始就吸引住学生的注意力。)

探索活动:仿例制作。

教师:下面请同学们拿出另一张纸,看下一幅图(展示蝴蝶图片),按照刚才的步骤,动手在自己的红纸上剪剪看,能不能得到这个蝴蝶的图形。我们将选取优秀的作品展示。(教师巡视指导学生制作)

作品展示:教师指导学生进行交流、评析,将优秀的作品贴在黑板上并在黑板上画出各作品对称轴。(很好! 这是对折两次剪出的两只蝴蝶,这是对折一次剪出的一只蝴蝶。)

③体会设计思路

教师:人的智慧是无尽的,简单的事物里往往蕴含着不平凡。我教同学们几种折法,有对称折、三角折、四角折、五角折、六角折。如五角折:a.将方形色纸对角或对边对折,要折整齐。b.把折好的纸再平均分五等份折。c.在折好的纸上画上简单的花纹,花纹的线条要连接。把要剪去的地方画上记号。d.按照纹样剪出,小心揭开,美妙的图案就出来了。

(小结:窗花剪法的步骤;特别要注意什么,看图讲述。)

发挥你们的聪明才智,试试你能剪出什么图案? 比比看,哪位同学的思路更独特、更有创意!(学生剪,教师巡视。)

(学生上讲台讲述并展示自己的作品。)

教师:没想到同学们有这么多种不同的剪法,真了不起! 剪纸可以有多种剪法,折叠的次数多,要画的线、要剪的线就会少一点,但不管哪种剪法,能创作出好作品就是好方法。

剪纸的分类:

a.从地域上分:可分为北方剪纸和南方剪纸。各地区、各民族的剪纸都有自己独特的风格。

(出示投影。北方剪纸以粗犷豪放、造型简练著称。南方剪纸以构图繁茂、精巧秀美闻名。)

b.按制作方法分类:主要有剪纸和刻纸(出示工具剪刀、刻刀)。

c.按色彩表现分类:主要有单色剪纸和套色剪纸(出示图片)。

④了解"窗花"

很久以前,人们就用一张薄纸、一把剪刀,剪出精美的图案点缀和美化着生活。到过年时,家家窗户上都贴出用彩纸剪出的图案,俗称"贴窗花"。这就是剪纸迎春的风俗,它寄托着人们对生活的美好愿望。"窗花"的图案很多,有花卉、鸟兽、虫鱼等。它既有画意,又有装饰趣味,很受群众喜欢。

(展示挂图)这些剪纸都有它独特的意蕴在里面,如连年有余、喜鹊登梅、喜上眉梢、富贵吉祥、花开富贵、花好月圆、吉庆有余等。

这些窗花都是我国劳动人民长期以来智慧的结晶,充分表现了他们对美好生活的热爱与向往,增添了节日喜庆气氛。

⑤创作设计(刻纸练习)

教师:用剪刀剪纸我们都尝试了,那么,咱们用刻刀练习一下刻纸好不好?下面同学们自己用刻刀刻一幅剪纸作品吧。(事先准备好刻纸工具)

教师:好! 我们期待着更多优秀的作品,每位同学还要给作品起个名称,开始!(学生操作,教师放音乐,巡视指导。)

教师:刻完的同学把作品举起来,我们一起来感受一下同学们创作的喜悦!(略停)大家最喜欢哪一幅作品?老师都喜欢! 我们有请××作品的主人谈一谈,你的作品名称是什么?

教师总结：艺术是博大精深的，在简单中呈现了美，更多的是呈现了美的深度，让我们一起走进剪纸世界，来感受美！（展示老师收集的漂亮剪纸。）

⑥课堂拓展

同学们用这一节课，就掌握了剪纸的基本技法，很好！

通过这节课的学习，谁来告诉大家，剪纸为什么能成为民间广为流传的艺术？

教师总结：

关于剪纸的历史，应该从纸的出现开始。汉代（西汉）纸的发明促进了剪纸的出现、发展与普及。

唐代剪纸已处于大发展时期，杜甫诗中有"暖汤濯我足，翦纸招我魂"的句子，以剪纸招魂的风俗当时就已流传民间。

宋代造纸业成熟，纸品名目繁多，为剪纸的普及提供了条件。如成为民间礼品的"礼花"，贴于窗上的"窗花"，或用于灯彩、茶盏的装饰。

明、清时期剪纸手工艺术走向成熟，并达到鼎盛。民间剪纸手工艺术的运用范围更为广泛，民间灯彩上的花饰、扇面上的纹饰，以及刺绣的花样等，都是剪纸工艺。我国民间常常将剪纸作为装饰家居的饰物，美化居家环境，如门笺、窗花、柜花、喜花、棚顶花等。

中国民间剪纸手工艺术，犹如一株常春藤，古老而长青，它具有普及性、实用性、审美性，符合民众心理需要。

剪纸不仅烘托了喜庆的节日气氛，而且也为人们带来了美的享受，寄托着人们对美好生活的向往，对吉祥幸福的期盼。

这些极普通的剪纸作品，虽不像珍珠翡翠那样华贵辉煌，却牵连着每个人的心灵，伴随着千家万户的生活，具有独特的艺术魅力。

希望通过这节课的学习，同学们对我国传统民间艺术有一个更深入的了解，并把我国的民间艺术继续发扬光大。

"认识剪纸"教学设计

(1)教学目标

唤起学生对民间剪纸艺术的热爱;使学生认识民间剪纸艺术,学会运用剪纸的基本技法制作剪纸作品;培养学生的创造性思维能力和动手能力。

(2)教学重点

重点理解和掌握剪纸的造型装饰手法,培养学生创造性地设计剪纸作品的能力。

(3)教学难点

正确把握纹样的连接与完整性。

(4)教学准备

剪纸作品若干,各色蜡光纸,剪刀、刻刀各一把,白纸两张。

(5)教学过程

①组织教学、检查学具(1分钟)

教师讲述课堂要求,检查学生准备的工具。

②学习新课(10分钟)

教师出示自己的剪纸作品,问学生:这是一幅什么艺术作品?学生回答:剪纸。引出课题。

教师讲述:这种艺术作品最早出自农民之手,它不仅表现了人们喜闻乐见的事物,也反映出人们丰富的艺术想象力。

请学生欣赏教师收集的剪纸作品。

教师展示剪纸作品,问学生:这些作品是运用哪些工具制作出来的?

结合剪纸作品,教师讲:剪纸是我国传统的民间艺术,历史悠久。大体上分为南、北两大流派,北方剪纸粗犷朴拙,天真浑厚;江南剪纸精巧秀丽、玲珑剔透。剪纸的样式很多,有窗花、墙花、门笺、喜花、枕花、礼花等,具有单纯、简洁、明快、朴实、富有装饰性的特点。(教师播放幻灯片)

教师指幻灯片中图1、图2,用启发性的语言提问:图1、图2都是人物头像,但在眉眼等细节上却用了截然不同的表现手法,哪位同学发现了? 教师再指图3、图4问:用什么方法能让这两幅剪纸出现多种色彩呢?(学生若回答困难,教师可展示半成品,启发学生)

教师指幻灯片中图5、图6、图7讲:下面我们研究剪纸的造型装饰手法,图5这幅剪纸突出了人物的形态,而细节部分却没有刻画,它采用的是什么方法?(学生回答,教师板书)教师指图6、图7问:鱼和猪的剪纸形象和生活中的实际形象有什么差别? 大家讨论一下。(同学讨论后回答,教师板书)

教师指幻灯片中图8、图5问:这两幅图的构成形式有什么不同?(根据学生回答,教师板书)

教师给学生做剪纸示范。示范时配以讲解,注意拓展学生的思路。如:运用折叠法剪的是花卉,如果剪单独对称式的人物怎么剪? 均衡式的团花怎么剪制?(团花制作简单,可以作为课堂重点来制作,以唤起学生对剪纸的学习兴趣)

③布置课堂作业(20分钟)

学生设计制作,教师辅导。先让学生认真观察团花剪纸的特点,指出阳刻时应"剪剪相连",阴刻时要"剪剪相断"。经过讨论得出画纹样时必须注意纸的连断的结论。突破难点,让学生自己设计喜欢的团花纹样。教师巡视指导,对有困难的学生可以手把手地指导,帮助他们制作一幅自己的剪纸作品。

④展评学生作品(13分钟)

请部分学生阐述作品表现意图,并对优秀的作品给予表扬。

⑤师生回顾本节课的知识点并点题

以上学习的是剪纸的一般常识,剪纸来自民间,展现人们的生活,我们要从民间剪纸中吸取营养,只要多看、多想、多动手,一定会创作出好作品,让它服务于我们的现代生活,成为我们生活的装饰品之一。

⑥布置课后作业(1分钟)

要求每个同学结合学习到的剪纸知识来创作一幅剪纸作品,可以请求家人的帮助,作品在班级展出。

⑦板书

民间艺术——剪纸。

(四)"紫藤文化"校本课程

建设紫藤校园,构建雅致文化

2009年7月,后村初中三校合一,学校提出"建设雅致文化,打造精致教育品牌"的办学思想,凝聚"和谐共进,追求卓越"的学校精神,形成了"为学生的美好人生奠基"的教育理念。

紫藤是无止境的生命长河的象征。繁盛的紫藤花叶是青春生机的张扬,虬曲的紫藤花干正是曲折坎坷的生命历程的诠释。后村中学的紫藤长廊东西长约100米,冬天枝干遒劲有力,直指苍穹,夏天枝叶繁茂,生命旺盛,秋天细荚长长,果实累累,尤其是春天,紫藤花开,紫中带蓝,灿若云霞。

融合紫藤优雅、精致元素,学校提出建设雅致文化。雅致、优雅、精致,卓尔不凡,学校的气质是高雅的,具体是四点:实施精致的教育,建设典雅优美的校园,培养高雅的教师,培育优雅的中学生。

为让紫藤校园、雅致文化融入师生的血脉中,我们开展了"摄影、赏花、识香、品性"系列紫藤节文化活动,目的是让学生无论毕业多少年,一回顾初中生活,最先想到、印象最深的就是紫藤花开的样子。学校优雅的环境,培养学生要做优雅的人,追求美好的人生。我校2012届毕业典礼上,毕业生代表郑赛同学发言:"岁月流逝,我会铭记这段充溢着紫藤花香的初中生活,无论走到哪里,这醉人的紫藤花香会凝固在我的记忆里,催我奋进,永远去寻求生命的美好。"

现在后村中学的"雅致"文化已经和学校的教育教学相融合了。学校必须走文化引领、精细管理、质量立校、特色办学之路,办出自己的特色。

第一章　紫藤的概述

第一节　紫藤

一、名称、产地

紫藤,多紫色花且为藤本植物而得名。

别名很多,有藤萝、朱藤、葛藤、轿藤、葛花、黄环、紫金藤等。

紫藤原产于我国温带地区,如秦岭山地等。分布范围很广,在辽宁、内蒙古、甘肃、山东、河南、河北、山西、陕西、浙江、江苏、安徽、湖北、湖南、四川、广东、云南、贵州等地,许多山林地区中都有野生紫藤生长。

二、历史渊源

我国栽培紫藤历史悠久,紫藤是我国布置庭园荫棚最著名的观花藤本植物。

传统园林花木 32 品中的四大蔓木,或称四大藤花,即指藤本植物中的紫藤、凌霄、忍冬、葡萄。紫藤最健,凌霄最娇,忍冬常绿,葡萄实惠。自古以来,垂直绿化即以四大藤花为最佳材料,而紫藤居首位。现在绿化工程的藤本品种增多,但人们对四大藤花的评价仍然未变。

《神农本草经》上记载,紫藤的古名为黄环。

唐代《本草拾遗》中写道:"藤皮着树,从心重重有皮。四月生紫花可爱,长安人亦种之以饰庭池,江东呼为招豆藤。其子作角,角中仁,熬香着酒中,令酒不败。败酒中用之,亦正。"

宋代《图经本草》中写道:"生福州山中。春初单生叶青色,至冬凋落。其藤似枯条,采皮晒干。"

宋代沈括的《梦溪笔谈》中称紫藤为朱藤。

明代《救荒本草》中称紫藤为藤花菜。

清代《植物名实图考》记紫藤为小黄藤。

三、形状特征

紫藤为豆科紫藤属大型落叶木质藤本植物。株高 10 余米,茎干粗实健壮虬曲,皮呈浅灰褐色,有很强的盘曲缠绕能力,常缠绕于它物上。攀援茎可伸展很长,可达 10 米高。

紫藤雌雄同株,先长叶,后开花,3 月现蕾,4 月盛花,花期 3—5 月。

春季花开时节,单花若无风吹雨打,可经半月而不凋。紫藤的花生于新生嫩条,花后若留数叶,剪去花序,不使结籽,约经 10 天,可再现二批花蕾,花期因此相应延长。

果为特大扁长豆荚果,长刀形,长 10~20 厘米,密生银灰色有光泽之绒毛,内含种子 3~4 粒,数粒种子扁圆形,深褐色,9—10 月荚果成熟。

四、生长习性

紫藤为暖温带植物,对气候和土壤的适应性强,较耐寒,能耐水湿及瘠薄土壤,喜光,较耐阴。以土层深厚、排水良好、向阳避风的地方栽培最适宜。主根深,侧根浅,不耐移栽。生长较快,寿命很长。缠绕能力强,它对其他植物有绞杀作用。每轴有蝶形花 20~80 朵。紫藤各地均有野生或栽培,根、种子入药,性甘,微温,有小毒。

五、品种分类

由于紫藤人工授粉较易成功,故杂交品种日益增多。

野生类型有:

紫藤,花序长约 20 厘米,香味浓。

南京藤,花色淡紫而带蓝色,蓝紫花序很小,形矮,可作盆栽用。

红藤,花紫红色,花序短小。

其他常见栽培品种有:

银藤,也叫白花紫藤,花白色,香气较浓,主蔓藤干多且较细瘦,抗寒性较差,是紫藤的变种,较罕见。

一岁藤,有白、紫两种,花色浓紫或雪白,花序长 33～34 厘米,盆栽最佳。

麝香藤,花白色,香味浓烈,开花易,多作盆栽。

白玉藤,又称本白玉藤,色洁白,花大,花序短,适合盆栽。

红玉藤,又称本红玉藤,色桃红,花大,为盆栽珍品。

三尺藤,花序长达 67 厘米左右,呈青莲色,盆栽、地栽均可。

台湾藤,枝叶细小,幼龄苗不易开花。

野白玉藤,花初开紫红色,后变全白,只适用于地栽。

多花紫藤,特点是花序长,比紫藤花序长约一倍,达 30～50 厘米,花朵多而稍小,花冠淡青色,江南普遍栽培。

重瓣紫藤,花重瓣,浅紫色。

第二节　人工栽培

一、繁殖方法

紫藤繁殖容易,可采用播种、扦插、压条、分株、嫁接等方法,应用最多的是扦插。

下面简单介绍几种繁殖方法:

①播种繁殖。秋天种子采下即播种,或在开花时进行人工授粉,促使结荚,成熟后连荚采下干藏(沙藏更好),翌春播种。

②扦插繁殖。南方在早春,北方以土壤解冻后,取一两年生嫩枝,剪成 10～15 厘米段,直插、斜插均可。

③压条法。在落叶后取两年生枝,削去部分皮后压入土中。

④分株法。切取根际发出的幼小植株,于冬春进行移植。

⑤嫁接法。以一两年生枝在根部进行嫁接,成活后移出。

二、栽培技术

紫藤是豆科紫藤属的落叶大藤本植物,原产于中国。紫藤主根深,支根少。实生苗幼时呈灌木状,数年后,旺梢的顶端才表现出缠绕性。紫藤具有混合花芽,先长枝叶,在新梢上部开花。花为总状花序,在枝端或叶腋顶生,长达 20～30 厘米,下垂,花密集而醒目,蓝紫色至淡紫色,有芳香。要种好紫藤,需注意的问题有:

第一,光照。紫藤喜阳光,略耐阴。因为紫藤是大藤本植物,为了使它生育良好,一般都设置一定的棚架进行栽培。紫藤也有较矮小的种类和品种,可作为盆栽或制作盆景。

第二,温度。紫藤的适应能力强,耐热、耐寒,在中国从南到北都有栽培。

第三,浇水。紫藤的主根长,有较强的耐旱能力。它喜欢湿润的土壤,但又不能让根泡在水里,时间长了会烂根。

第四,施肥。紫藤在一年中施 2～3 次复合肥就基本可以满足需要。

第五,土壤。紫藤主根长,所以种植的地方需要土层深厚。紫藤耐贫瘠,但肥沃的土壤更有利于生长。紫藤对土壤的酸碱度适应性也强。

第六,地点。紫藤种植的地点除了向阳、土深外,还需要避风。

第七,繁殖。紫藤可用扦插、压条、播种、嫁接、分株等方法进行繁殖。

紫藤直根性强,故移植时宜尽量多掘侧根,并带土。紫藤多于早春定植,定植前须先搭架,并将粗枝分别系在架上,使其沿架攀援,由于紫藤寿命长,枝粗叶茂,制架材料必须坚实耐久。

盆栽紫藤,除选用较矮小种类和品种外,还应加强修剪,控制植株长得过大。如作盆景栽培,整形、修剪需加强,必要时还可用老桩上盆,嫁接优良品种。

三、病害防治

紫藤栽培,应保持环境的整洁卫生,经常清除温室内以及温室周围的杂草,及时检查并清除黄叶病株,对发病较重的病株要废弃掩埋,以防其成为感染源,对发病较轻的病株要用剪子剪除病叶,喷洒相应的农药,并进行隔离,以控制病虫害蔓延。喷洒农药要不留死角,特别是叶背、温室的角落及地面均要充分喷到,温室每月进行一次消毒处理。

紫藤常见虫害有蜗牛、介壳虫、白粉虱等。春夏多雨季节,蜗牛经常活动,此时应定期撒石灰粉于园四周及栽培架支脚处。当通风不良时常引起介壳虫害,可用 800~1000 倍液速蚧灵喷杀。白粉虱可用 3000 倍液速蚜虱消喷杀。

紫藤的病害主要有软腐病和叶斑病,叶斑病发生时危害紫藤的叶片,软腐病发生时会使植株整株死亡,可采用 50% 的多菌灵 1000 倍液、50% 的甲基托布津可溶性湿剂 800 倍液防治。病害发生后,可于早晨或傍晚喷施农用链霉素防治,一年内喷施次数以不超过 3 次为宜。

四、养护要点

紫藤萌芽前可施氮肥、过磷酸钙等,生长期间追肥 2~3 次。
紫藤不择土壤,但喜欢湿润、肥沃、排水良好的土壤。

紫藤喜温暖，也耐寒，在中国大部分地区均可栽培。

要使盆栽紫藤年年花繁色艳，除精养细管，还要掌握几点窍门。

①选择成龄苗木盆栽。紫藤具直根系，主根长，侧根少，移栽上盆时宜带较长一段主根，盘在盆内。用富含腐殖质的沙壤土栽培，放少量碎蹄片作基肥。花盆应置于通风的阴处一周后，再放在光照充足处。

②花于3月初开，开花时少浇水施肥，从而延长花期。残花立即剪掉，不使其结荚，以防养分消耗，影响第二年开花的数量和质量。

③及时截断伸长的枝蔓，不使其向周边物体攀援，以防养分散失。

④日常养护时，要适当控水、控肥，以防枝蔓徒长，并以长效磷、钾肥为主要追肥。

⑤越冬时，应置于0℃左右低温处，保持盆土微湿，使植株充分休眠。

第三节　应用价值

一、装饰应用

紫藤为长寿树种，民间极喜种植，成年的植株茎蔓蜿蜒屈曲，开花繁多，串串花序悬挂于绿叶藤蔓之间，瘦长的荚果迎风摇曳，自古以来中国文人皆爱以其为题材咏诗作画。在庭院中用其攀绕棚架，制成花廊，或用其攀绕枯木，有枯木逢生之意。还可做成姿态优美的悬崖式盆景，置于高花架、书柜顶上，繁花满树，老桩横斜，别有韵致。

二、园林应用

紫藤又名藤萝、朱藤，是优良的观花藤本植物，一般应用于园林棚架，春季紫花烂漫，别有情趣，适栽于湖畔、池边、假山、石坊等处，具独特风格,盆景也常用。它对二氧化硫和氧化氢等有害气体有较强的抗性,对空气中的灰尘有吸附能力,在绿化中已得到广泛应用,尤其在立体绿化中发挥着举足轻重的作用。它不仅可实现绿化、美化效果,同时也发挥着增氧、降温、减尘、降低噪声等作用。

紫藤开花后会结出形如豆荚的果实,悬挂枝间,别有情趣。有时夏末秋初还会再度开花。花穗、荚果在翠羽般的绿叶衬托下相映成趣。一般情况下,盆栽紫藤应及时剪去残花,避免营养消耗。紫藤系落叶藤木,在其休眠期可结合修剪调整枝条布局,以保持姿态优美。紫藤寿命长,只要保证充足的阳光,水肥适当,就年年枝繁叶茂。

三、医药价值

紫藤花可提炼芳香油,并有解毒、止吐泻等功效。紫藤的种子有小毒,含有氰化物,可治筋骨疼,还能防止酒腐败变质。紫藤皮具有杀虫、止痛、祛风通络等功效,可治筋骨疼、风痹痛、蛲虫病等。

第二章　紫藤文化内涵

第一节　建设紫藤校园,构建雅致文化

一、雅致文化阐释

日照市东港区后村初中位于东港区城郊后村镇,学校始建于1960年,经过1988年的一次搬迁,2006年、2009年的两次合并,学校占地面积57362平方米,建筑面积12238.26平方米,校园布局合理,环境优美,建有教学楼、实验楼、办公楼、餐厅、教职工宿舍楼等,配套设施完善。学校现有40个教学班,在校学生2271人,教职工195人,有中学副高级教师40人,中学一级教师120人,市级教学能手和教学骨干6人。

学校始终坚持"实施雅致文化引领,打造精致教育品牌"的办学思想,秉承"和谐共进,追求卓越"的学校精神,以"为学生的美好人生奠基"的教育理念指导教学和管理,致力于建设典雅优美的校园,实施精致的教育,培养高雅的教师,培育优雅的学子。

紫藤又名藤萝、朱藤、招豆藤、藤萝树。紫藤三月现蕾,四月盛花。"紫藤挂云木,花蔓宜阳春。密叶隐歌鸟,香风留美人。"暮春时节,正是紫藤吐艳之时,但见一串串硕大的花穗垂挂枝头,紫中带蓝,灿若云霞。

后村中学紫藤长廊始建于 1988 年,位于校园南部,运动场北侧,东西长约 100 米。如今的紫藤长廊已成为全校师生的精神乐园。一年四季,晨曦暮霭,长廊下不乏师生相伴的身影、畅谈爽朗的笑声。他们在紫藤下读书学习、谈心交流、畅想人生。紫藤之美体现在内外两个方面。紫藤外在的美:紫藤花美丽淡雅,香远益清;紫藤内在的美:一个花苞像一个扬起的帆,就像学生充满希望的美好人生,无数花苞一团团一簇簇,共同结成美丽的花团,象征学校典雅优美的校园,也象征师生精神焕发、和谐共进的风貌;紫藤枝叶繁茂,象征茂盛的生命力,紫藤枝干苍劲有力,象征直指苍穹的坚毅品质,具有与时俱进的时代气息。

学校挖掘紫藤文化内涵,融合优雅、精致元素,形成了雅致文化特色。学校设立紫藤文化节,成立紫藤文学社,创办《紫藤》社刊。后村中学用先进的办学理念融合学校的文化积淀,形成独特的积极向上的高雅文化。文化育人,润物无声,引领学校的发展。

二、紫藤文化节

为了进一步丰富校园文化生活,引领广大师生热爱自然,走进自然,培养审美意识和审美情趣,挖掘校园文化的内涵,打造特色校园文化品牌,提升学生的综合素质,增强学生创造美好人生、创造美好世界的意识,后村初中从 2012 年始,于每年 4 月、5 月举办紫藤文化节。

活动安排有：

（1）紫藤花摄影比赛

要求：摄影作品内容必须将紫藤花与学生相融合；每张照片应有作品名称，并配上简要文字说明，署明作者姓名、所在年级、处室；每年级至少选送学生作品10幅，处室至少选送教师作品3幅，每人最多报送2幅作品。教导处负责组织评奖。

（2）赏花、识香、品性

要求：在紫藤花盛开期间，学校组织学生赏花三天。政教处统一安排赏花日程表，明确班级、时间、负责人。各班组织学生观察紫藤花，识香，品性，每人写一篇托物言志的记叙文，也可以写介绍紫藤知识的短文。班级分别组织评选优秀作品，每班报送2篇作品到学校，由政教处组织评奖。

（3）紫藤花绘画比赛

要求：紧扣紫藤花主题，展现学生朝气蓬勃、天天向上的精神风貌，努力学习、勤于探索、敢于创新的风采。要在细致观察的基础上，充分发掘紫藤花的精神内涵和文化特征，开展有特色的艺术创作。表现种类和形式不限，自行命题创作。绘画种类：国画、水彩画、水粉画、儿童画等。以班为单位，每班交3～5幅优秀作品。学校评选出优秀作品30幅，进行展览，并对作者进行表彰奖励。

（4）"花香、书香伴我共成长"读书活动

学校以紫藤花文化节活动为契机，结合世界读书日活动，引导师生养成"好读书、读好书"的良好习惯，举办读书活动，让紫藤花香伴着书香沁入全校师生的心田，提升学生的人文素养，发掘紫藤文化，提高学校的办学品位，推动新教育实验不断前进，促进学校的和谐与可持续发展。

此外还有演讲比赛和课堂大赛等活动。

紫藤文化节于5月上旬举行闭幕式，闭幕式上全校师生充分展现本届文化节期间的各项活动成果,学校对其中特别优秀的教师和学生进行表彰和奖励。师生积极参与,充分展示了自己的青春活力与艺术才华,营造了浓厚的校园文化氛围。紫藤文化节已经成为后村初中校园文化建设的重要组成部分,紫藤文化正日益显示出重要而特殊的育人功能。

第二节　赏花、识香、品性

紫　藤　赋

春天已接近尾声,而夏天的脚步却渐渐近了。天气渐渐变暖,校园的柳树早已吐绿,柔枝在风的吹拂下摇摆,悠闲自在,风越吹越暖,吹开了紫藤花。

长长的一串紫藤花,躺在石架上,仿佛搭了一个花棚,走进这花棚里,清凉、芬芳、恬静集于一身,使人感到心旷神怡。这紫藤的枝干光秃,裸露着,没有色彩,没有优美的姿态,却显示出一种坚强的力量,那瘦骨嶙峋的枝干,是刚毅、执着的象征,它傲然挺立在那里,那样的气宇轩昂,又那样的从容、淡定。

那美丽的紫藤花,一串串丰满的花穗,垂在枝头,紫中透红,红中泛蓝,在日光的照射下,泛着点点蓝光,仿佛在流动、在欢笑,在不停地闪耀,朵朵紫藤花组成一个大花团,垂挂枝头,像瀑布一样壮观,正如"飞流直下三千尺,疑是银河落九天"。

朵朵紫藤花像一个个班级,而班级就是社会中的一个小小的细胞,一个小缩影,而千万朵紫藤花组成了我们后村初中。紫藤花还吸引了不少蜜蜂和蝴蝶,一只只蝴蝶翩翩起舞,而那些蜜蜂正在辛勤地采蜜,不知疲惫,它们像老师一样勤劳地批改作业,像准备中考的九年级毕业生一样,努力学习、拼搏,争分夺秒,向人生发出挑战。

观赏紫藤花后,我明白了不少,我知道那干枯的枝干,是紫藤默默积蓄的力量。它表现的是勇敢,是坚忍不拔的信念,它激发着同学们勇往直前,不怕困难,执着追求,抵达成功的彼岸。再看盛开的紫藤花,它开得活泼,开得自由,盛开的紫藤花给了我启示:我要像紫藤花一样,要开就开得最美丽。在学习中,要学就学得出色,做最好的自己。我不愿做学习中的平庸之士,更不想得过且过,平淡度过金色年华。紫藤花象征着青春和希望,青少年正如这紫藤,任风吹雨打,但始终坚信:我要开花,我要开最美丽的花。我们正在磨砺自己,像这紫藤一样,带着梦想,千帆竞发,扬帆远航。

千万朵紫藤花也许有千万个梦想,是梦想让它们的生命有了力量,让它们即使在风雨中,也开得灿烂。是的,人也如此,一个人没有梦想,就不可能成功,一个国家,没有梦想就不能强大。

生命之中也会有许多个梦想,实现梦想的过程,就是展现生命的活力和魅力的过程,我想紫藤也一定有自己的梦想,因而它才会开得如此绚烂多彩。

紫藤花在开放,我们在快乐地成长,不经历风雨哪能见彩虹,紫藤花照亮我心中的梦想。

诗情漫紫藤

择一个阳光明媚的午后,捧一本书,斜靠藤椅,细细品味那书中的情景交融。任时光从指尖流去,嗅到紫藤架下那淡淡的幽香。我蓦然抬头,只希望沉浸在那情景交融的流年中。

——题记

一 品紫藤

当我沉浸在书海中遨游的时候,春姑娘的一阵春风,将我从梦中王国惊醒。

是啊!春天来了,正向我们激情饱满地走来。哎呀!伸一个懒腰,是该出去走走了,不知不觉间我们走进了紫藤,走进了它的梦里,我仿佛听见了它在风雨中的独白。

这片历经磨砺的紫藤萝,并没有向我倾诉,没有要得到我的一点抚慰,而反过来却是它,教会了我坚强。

而我也明白,每一个美好春天的到来,总会经过寒冷的冬天。人也一样,只有经历挫折、坎坷、寂寞,才能到达成熟和丰盈。岁月无情地在你的身上留下了深深的痕迹,而你却满不在乎,只在乎心中那个坚定的信念:"我要开花给你们看。"

二 颂紫藤

渐渐地,我已越来越走进了紫藤。不只是我自己的一厢情愿,我发现它也明白了我的意思,毫不滞留,快马加鞭地向我走来。是的,我已看到了你,你虽伤痕累累,但你却依旧乐观自信。

用"千磨万击还坚劲,任尔东西南北风"来形容你是再合适不过的了。你用坚定的信念开出了这世上最美丽的花。

你素雅高洁,你无疵无瑕,你娇媚可人,这一切美好的样貌尽在你身上体现。此刻,我想画一幅水墨丹青,用最古老的方式来将你描下来。

华美而高贵,你的姿态,你的气质,你的灵魂,令多少文人墨客迷醉。

花美,灵魂亦美。

紫藤萝随想

时光老人的脚步从来都不歇息,他又带来了一个崭新的四月。

四月,是个充满生机与活力的时节,总是把这个世界最美好、最灿烂的景色展现给人们。

前几天,那边的山岭上开满了一片一片粉红的桃花,花儿带着浓浓的春天的气息驱走了冬的严寒,带来了丝丝温馨与欢乐。花儿们密密地压满枝头,像一幅长长的画卷,使人眼前一亮。这是视觉的盛宴。校园里的樱花也都不甘落后地陆陆续续展现着它们最美丽的面容,簇簇樱花在春风的拂动下轻轻地摇曳着,像一个个害羞的小女孩……

花儿是最惹人爱的,每当驻足欣赏那摇曳生姿的精灵时,我便油然而生对校园紫藤花的怀念与期盼,怀念在紫藤长廊串串紫色的花穗下自己捧书独坐的时光,怀念在紫藤花下与同学们一起畅谈人生的那种欢愉。今年的紫藤萝能如约开放,用那灿烂的花瀑、氤氲的花香来丰富我们愉快的学习生活吗?

紫藤花从来没有玫瑰的娇艳,没有牡丹的国色天香,也没有莲犹如君子一般的亭亭玉立。紫色花穗挂满长廊,沉甸甸的,随着习习清风,像是在流动,在跳舞。细看那紧紧依偎在一起的花朵,仿佛一群穿着紫色小裙子的小姑娘,在叽叽咕咕说着什么,它们总是十分默契。那扭曲缠绕的枝干朴实无华,它们像一条条盘虬深深扎根在地底,将身子扭着,动着,将枝干扭到了一起,互相缠绕,互相扶持,一起攀登。粗糙的老藤与娇嫩的花儿形成了鲜明的对比,此种画面犹如一群可爱的孩子在倾听老者讲那过去的事情。春去春又来,花开花又谢,那满架的藤萝让人浮想联翩。那花儿犹如我们学校的代代学子,而那粗壮的枝干就像是培养我们的老师。

又是一年春好时,又是藤萝绽放时……

芬芳馥郁紫藤香

紫藤萝又开花了,花开花谢,它已见证了我四年的成长。

在今天九年级课间会议上,我被全年级通报批评,因为并排骑车。我心里很难受,我想哭。当我走进紫藤长廊,看到那么美丽的花儿在阳光下怒放,我的心情一下子就变得平静了。那醉人的紫藤花香包围着我,使我忘却了刚才的烦恼,是啊,没有什么大不了的,认识到错误,改正不就行了吗?人非圣贤,孰能无过?

抛开困扰我的一切,倚着紫藤萝,看远远近近一串串花儿向我张开它们灿烂的笑脸,一如我初见它们时的模样。回忆过去,我看到了第一次进入这个校园的我,满脸的稚气,满脸的好奇,是那么的天真可爱,充满了对未来的无限向往。

再回首来时路,美丽的紫藤伴我们一起成长,它看到我们在操场上为了班级的荣誉奋力地奔跑,为我们取得的成功而喜悦,又默默收集着我们的失意和烦恼,就如现在,它用繁花和浓香告诉我们,人不能拒绝成长,也不能拒绝成长路上一些必经的坎坷和挫折。

和紫藤相伴的日子还有三十几天了,习惯了在朦朦胧胧中起床,习惯了带着惺忪的睡眼与书山题海相伴,喜欢在书本上写满自己的青春誓言,喜欢在草稿纸上写下考试后的无奈,更喜欢在开满紫藤花的长廊里漫步,来放松一下为中考而绷紧的神经。

想到中考,想到毕业,这时候竟有了想流泪的冲动。再见,朝夕相处的同学;再见,亲爱的老师;再见,美丽的紫藤萝!

又是一年紫藤香

一阵清风吹过,拂动起校服的衣角,伴随而来的还有一缕缕的花香,我驻足凝望,美丽的紫藤萝又开始吐露芬芳。

看看美丽的紫藤萝,与它相伴的日子又有多少呢?我真想让美好的时光就停驻在现在,让这些紫藤萝在我的记忆里永远飘香。

我再一次走近它,再一次抚摸它苍劲的枝干,这些枝干比我们刚来时不知粗了多少呢。

抬起头,看见火辣辣的太阳正在炙烤着大地,其他的花草都显得无精打采,而紫藤萝为我们遮挡着阳光,藤萝架下是一片阴凉。紫藤萝所要做的,就是尽情绽放自己的美丽,让我们看到它最美好的一面。

紫藤花的花期是很短的,就如我们的初中生活,刚入学时感觉漫长,可不经意间四年时光一瞬间就过去了,又何其短暂! 即将面临中考,我们是不是也应和紫藤萝一样,拼尽全力,展示出最好的自己?

紫藤花的香气包围着我,也许这是我在这个校园里闻到的最后一季香气了,一想到这里,心中就莫名地感到忧伤与不舍。

一小簇花儿从花架上飘落,我伸出双手轻轻接住了它,把它捧在手心里,放眼望一下那湛蓝的长空,心里默念:"又是一年紫藤香,正是一年拼搏时!"

内心深处那朵紫藤

又是一个充满生命活力的春天。课间,我们全班一起去赏紫藤。怀着无比激动的心情,再一次站到紫藤身旁,我内心不由一颤,眼前这一朵朵充满生命力的花儿似乎比去年更旺盛,旺盛得令人敬畏。

很多同学围着它转、跑、打闹,玩得不亦乐乎。可我只想独自一人,静静地享受这份安宁,去细嗅紫藤的气息,去探测它们的内心。

不知为什么,看着这片惹人喜爱的花海,内心有些喜悦却又夹杂着一丝忧伤。

是的,它们确实很不容易,熬过了那酷热无情的夏天,走过秋天,无情的冬天又来冰冻它的藤蔓。只有等大地苏醒,它才可以尽情地释放自己。可想而知,它们的内心会有多坚定。这短暂的一年里,它们经受了多少磨难,却依然坚持着把自己最美的一面展现出来。它们把所有的痛、所有的悲伤化为一股力量,挣脱一切的束缚,拥抱属于它们的季节,去释放生命,与蜂、蝶共舞。

紫藤为我们诠释了"不经历风雨,怎能见彩虹",它们就像心灵的导师,抚平我们内心的不安与伤痛。

不管即将面对的会考、中考、高考有多残酷,不管现在的压力有多大,前方的路有多难走,我依然会咬牙坚持,因为此刻,紫藤正冲破冬天的冰雪在春的阳光里茁壮成长。紫藤有多坚强,我也会有多坚强。愿每个人内心都有朵紫藤花。

又是一年紫藤香

从来没有像现在这样对时间敏感，既惶恐今天无声无息地逝去，又害怕明天匆匆到来。就在这来去匆匆中，我恍然不觉错失了藤萝最美的花开季。

直到上周，在操场上跑操时，鼻翼间滑过一丝幽香，心里一动，紫藤开花了啊。

远望向紫藤，还是深绿的一片，花开得并不太繁盛，不像往年泛着紫光，但香气还是一样的醉人。

也许紫藤对我们九年级毕业生有更多依恋吧，我们的教室就在它旁边，晨曦里它陪我们读书，薄暮里它送我们远去，它默默地关注着我们每天的进步。

今年我见到的紫藤花没有像瀑布那样，只是在绿色的海洋里泛着点点紫光。也许是我无缘见到它奔放的样子，花开繁盛时我却埋头书海。

昨日，我想再去感受一下紫藤萝的美丽，却大吃一惊，根本就没有紫色了，只有一串串紫藤萝豆荚，还有一丝淡淡的紫藤花开时留下的香。

我不知道紫藤萝花期有多长，但我觉得今年它凋谢得太快了，是因为我是九年级的毕业生吗？我还没来得及好好欣赏它的美丽，它就悄然凋零，是不是想给我留下更多怀念？

与紫藤相识、相聚已四年光阴，面对离别，紫藤是否也与我朝夕相处的同窗一样，充满了依依惜别之情？

多少的日月轮回，多少的花开花落，不觉已走近中考。当夕阳即将沉入大地，它把最依恋的目光抛向了人间，当落花从枝头飘然而落，那是落红对大地的情意。

岁月流逝，我会铭记这段充满紫藤花香的初中生活记忆。

紫　藤

玫瑰是妖艳的,睡莲是含羞的,丁香花是香气四溢的,紫藤花却是朴素的。

——题记

绽 放 美 丽

阳春四月,紫藤花开,虽悄无声息,却弥漫着清幽的香气。第一朵花是什么时候绽放的呢?谁也不知道。现在的藤萝枝蔓上已开满了朵朵淡紫色的花。一簇簇,一团团紧凑地聚在一起。这片梦幻而朦胧的淡紫,幻化成一道紫色的长河,宛如铃铛的花儿演奏着天籁之音……但她们总是羞涩地垂下头,远远看去,就像一串串紫葡萄让人垂涎三尺。

默默凋零,再获生命

盛夏,紫藤花谢。只是默默无闻地谢了,没有惊天动地地枯萎,没有轰轰烈烈地说"再见",就这样带着无限的春光去了。但她并没有消失,而是化成了另一种生存方式——绿叶。紫藤的绿叶十分茂盛,层层叠叠,像一顶绿色的太阳伞。

收 获 生 命

金秋,翠绿的叶子也随风而去。紫藤结果,那银灰色的豆荚里盛着一粒粒饱满的种子。这应该是她收获的新生命吧!

等 待 绽 放

寒冬,紫藤没有了往日的生气,也不再随风摇曳。它的虬枝是裸露的,枝干是盘旋崎岖的,像历尽艰辛的老农。紫藤的意志是坚定的,它正在等待下一个春天!

紫藤啊,你正如李白所说的"紫藤挂云木,花蔓宜阳春"。白居易也有诗赞云:"藤花紫蒙茸,藤叶青扶疏。""藤花无次第,万朵一时开。"愿明年紫藤花开得更美丽!

魅 力 紫 藤

站在紫藤架下,闻那淡淡的幽香,我便陷入了深深的回忆中。

刚入学时,我还不认识紫藤,现在我已经喜欢上了这美丽的紫藤。紫藤的花朵一串串开放,花儿是浅紫色的,里层夹着深紫色,中心是浅黄的花蕊,走近紫藤长廊就能闻到淡雅的香味。

紫藤的枝干,犹如一条准备腾飞的蛟龙,蜿蜒在架子上,构成了我们的保护伞,烈日仿佛被这蛟龙吓坏了,只能藏在浓密的枝叶后面。

每当我在操场上活动时,我都会站在那里,遥望紫藤。这时一只只勤劳的蜜蜂也被花的香气引来了! 遥望一串串花穗像是被春姑娘打扮好了的紫色风铃!

每当我和同学在操场上嬉戏累了时,便会跑到紫藤下,抬头仰望,这时的花穗,仿佛一串串紫色的葡萄。

紫藤像一个魔术师,它一会儿变成蛟龙,一会儿变成风铃,一会儿又变成了又大又紫的葡萄。

冬去春来,紫藤花谢花开,那美丽的紫藤花,在我们的记忆里会永远地盛开。

美丽的紫藤,美丽的后村初中。

紫 藤

抬头望,紫色的天幕,绚丽缤纷,阳春三月,紫藤花开了。

——题记

三月,风的呢喃、雨的清寒中,垂柳丝绦,一丝嫩芽萌动晓春的心事,于是在三月的底板上,又多了一道温婉的暖色和诗意。

走进校园,一眼便看见粉色的教学楼,在蓝天的映衬下,显得格外自然、和谐。顺着操场望去，远远地看见那大片大片的紫色，微风轻拂过，紫色的花朵随风摇曳，跳起一支优雅的舞蹈。沿着校园的小路，向操场边走去，一阵淡淡的清香便向人袭来，走得越近，香气就越馥郁。

走到紫藤架下，抬头望，一片耀眼的紫色，犹如一个个俏丽的少女，轻轻摆动自己的百褶裙，笑意粲然。仔细瞧瞧，紫藤的花瓣有五瓣，外面一层，保护着里面的花瓣，中间的花瓣有两片，也保护着最里面的两片花瓣。紫藤大片大片地盛开，花团锦簇，姹紫嫣红，宛若一串串熟透的葡萄，让人不由自主想吃上两口，又仿佛一串串风铃，在风中叮当作响。顺着微风，紫藤的香味也慢慢地弥漫开来，那香气，似一杯酿造百年的酒，入口时是若有若无的清香，随着它慢慢地弥漫，香气才越来越浓厚、香醇，让人唇齿留香。凑近一朵花轻嗅，有股槐花的香味，却又不似槐花的香味那般醉人，只是淡淡的，却也着实沁人心脾，令人心旷神怡。

走得累了，可以坐在长廊中的石板座椅上小憩一会，听微风拂过耳边，听树叶的沙沙声，听小鸟叽叽喳喳的叫声，就在紫藤花下，感受最自然、纯真的美。

沿着紫藤架下的长廊，享受这份独特的安适和惬意！

我爱紫藤花

在鸟语花香的校园内有一群紫色的小精灵在游玩，那就是美丽的紫藤。你一定想欣赏一下吧，那就请跟我来！

进入校园，远看紫藤，像一串串葡萄，又像一片片紫色的祥云。来到紫藤架下，只见婀娜多姿的紫藤好似一道道门帘垂下，让人疑是来到了梦幻般的仙境。

紫藤花真香啊！闭上眼睛站在紫藤架下，不时有一股股清香扑鼻而来，当你深深地吸入一口气，就会发现清香里还夹杂着一丝甜味儿。我踮起脚尖，伸长脖子，凑近紫藤花闻了又闻，久久地陶醉了。看，那一群可爱的小蜜蜂，拍打着翅膀，在花间忙碌地采蜜，多有意思啊！

紫藤花真多啊！抬头往上看吧，满眼都是花，一串连着一串，密密麻麻，像亲密的朋友，手牵着手，肩并着肩，一、二、三、四……我傻乎乎地数着，数到后来就糊涂了。旁边的长廊上也爬满了紫藤，低头看看，落花和花影重叠在一起，像铺着层紫色的花毯。

紫藤花真美啊！一簇簇花从架上垂挂下来，它们排列有序，花瓣晶莹剔透，丝丝分明。有的已经盛开了，花瓣展开呈扇形，颜色很有层次，外面是淡紫色的，几乎接近白色，越往里面越紫，剥掉花瓣就露出了淡黄色的花蕊。还有那遍身全是紫色的花骨朵紧紧合抱在一起，只有小拇指般大……真是一朵有一朵的姿态，但全都那么纯、那么美。

一阵风吹来，紫藤花随风摆动，像紫色的风铃在叮当作响。我忽然觉得自己也变成了一朵紫藤花，蜻蜓飞过来，告诉我清早的故事，蝴蝶舞起来，告诉我昨夜的好梦……过了好一会儿，我才记起我不是紫藤花，我是在看紫藤花呢！

悠悠紫藤情

人间四月
满园的花事
拥挤，热闹
春风中，唯有你
那一脸的洒脱不羁
静默淡然地笑看
那些柳绿花红
那些红尘俗世

你一任沉寂,依旧是

一身苍老粗粝……

春光易逝

花落无声

轰轰烈烈开过后

花儿们渐渐地凋谢了

一抹抹灿黄

一片片绯红

一瓣瓣雪白

都湮没在春天的匆匆脚步声里

一只毛虫悄悄地爬上枝头

一天,两天,三四天

一只,两只,三四只

悄然间她已经把春天最后的诗行挂满枝头

一朝雨露,三春明媚

把这梦幻的诗行写就

一缕春风,几声细语

把沉睡的毛虫唤醒

开拓,开拓

在这最后的春光中

挣脱束缚

蜕变,蜕变

着一身的从容

化成蹁跹优雅的紫蝶

阳春中

熠熠绽放

如梦如幻

流淌成如瀑的生命长河

尽情挥洒生命的绚烂……

那一团团如梦如幻的花瀑

似翠绿的浪花中升腾起紫色的云霞

典雅而清丽

那一朵朵紫中泛白的小花

似张张天真的笑脸，又如明媚的笑容

向着阳光幸福地绽放

那灰色龟裂的身躯

盘曲凝聚

把苦难当作养料

把考验当成磨砺

把梦想开成精致的花朵……

远远地读你共同生活的合作精神

近近地读你追寻理想的执着无悔

精读你的深沉，细读你的素雅

常读常新，百读不厌……

你从我的生命中流淌过

紫藤印迹早已在我的血脉中深深地镌刻

执着理想，追求卓越，团结奋进，悲天悯人

必将成为我们永不褪色的生命底色……

紫　藤

黑黑的天空低垂

亮亮的繁星相随

夜,伴着这棵古老而神秘的紫藤树

悄然绽放梦的花蕾

酝酿着希望

璀璨了未来

紫藤之花,开在季节的深处

紫藤之香,流淌着梦想的馥郁

紫藤

引导着我们倾听生命的乐章

走向梦想的殿堂

校园的紫藤花

校园的紫藤开花了,

像一群活泼的精灵跳动着。

远远地眺望,

紫色的花海连接着天。

浩浩荡荡是它的精魂。

近近地观赏,

如临仙境,呈现出它的神奇。

淡淡芳香是它的气息,

多姿多彩是它的本质。

细细感受，
如对人生，演绎着生活的真谛，
不畏酷暑，只为磨炼顽强的意志，
走过严寒，等候释放自己的花季。

沉睡的藤萝，要打破沉静安谧，
小小的花苞，孕育着无尽活力。
蜿蜒的瀑布，好似闪亮的珍珠。

五月的季节，它唯美地演绎，
恬静的天宇下，它热情地绽放。
啊！紫藤花，
校园因你而美丽，
生活因你而多彩。

紫藤默默开放

紫藤默默开放，
不求华丽的外表，
却留一缕醉人的芳香。

紫藤默默开放，
不求迷人的香气，
却留一阵淡淡的清香。

紫藤默默开放，
不求任何的装饰，
却留一条紫色的长廊。

紫藤默默开放，

不求别人的回报，

却留一片舒适的阴凉。

紫藤默默开放，

不求名利的高低，

却留一处美丽的校园风光。

参 考 文 献

[1] 陈学恂.中国教育史研究[M].上海:华东师范大学出版社,2001.

[2] 孙亚玲.课堂教学有效性标准研究[M].北京:教育科学出版社,2008.

[3] 沈毅.课堂观察[M].上海:华东师范大学出版社,2008.

[4] 叶澜."新基础教育"论——关于当代中国学校变革的探索与认识[M].北京:教育科学出版社,2006.

[5] 孙远航.薄弱学校改造与发展[M].汪凌,译.上海:华东师范大学出版社,2006.

[6] (法)玛丽·杜里-柏拉,(法)阿涅斯·冯·让丹.学校社会学[M].上海:华东师范大学出版社,2001.

[7] 上官子木.教育的国际视野[M].上海:华东师范大学出版社,2005.

[8] 熊明安.中国近现代教育实验史[M].济南:山东教育出版社,2001.

[9] 杨小微.全球化进程中的学校变革[M].上海:华东师范大学出版社,2004.

[10] 陈桂生.学校管理实话[M].上海:华东师范大学出版社,2004.

[11] 杨小微,杨晓莹.优质学校的现代性生长[J].教育研究与实验,2021(04):47-53.

[12] 柴瑞帅.新优质学校建设的意义、模式与路径[J].教学与管理,2017(31):15-18.

[13] 张伟.优质学校的新内涵与新特征[J].教育科学论坛,2016(06):8-14.

[14] 张新平,郑小明.义务教育优质学校办学标准:目的与维度[J].中小学管理,2015(07):36-39.

[15] 程晋宽.全球化背景下义务教育优质学校办学标准的新思维[J].中国人民大学教育学刊,2014(03):43-53.

[16] 周峰,郭凯,贾汇亮.中小学优质学校形成机制研究[J].教育研究,2012,33

(03):41-46.

[17] 贾汇亮.优质学校创建中组织变革的路径、特征及策略[J].教学与管理,2010(22):18-20.

[18] 周峰,苏鸿,郑向荣.论优质学校的内涵及特征[J].教育发展研究,2009,28(12):11-15.

[19] 谢翌,马云鹏.优质学校的基本理念与文化形态[J].教育研究,2008(08):62-66.

[20] 张晶.现代学校精准教研的应用场景与实施建议[J].教学与管理,2021(24):51-53.

[21] 薛丽霞.学校管理走向现代治理的探索[J].中国教育学刊,2020(05):103.

[22] 朱祥烈.现代学校治理重在"激发办学活力"[J].人民教育,2020(Z1):100-102.

[23] 巩坚.现代学校治理的发展现状及发展对策[J].教学与管理,2018(21):33-35.

[24] 黎波.学校治理优化的机制探索与思考[J].中国教育学刊,2017(S2):23-25,52.

[25] 张竹."以人为本"理念下的现代学校管理变革[J].教育科学论坛,2017(11):29-31.

[26] 张勇.现代学校管理行为的导向与优化探究[J].中国管理信息化,2017,20(08):212-213.

[27] 张志勇.现代学校制度建设的五个路径[J].中小学管理,2017(01):32-34.

[28] 李强.现代学校制度建设的实践及思考[J].教育科学论坛,2016(24):41-43.

[29] 许杰.现代学校制度建设的实践逻辑[J].教育研究,2016,37(09):32-39.

[30] 陈如平.现代学校"新"文化的创建[J].教育科学论坛,2015(16):3-7.